《教育强国建设规划纲要（2024—2035年）》学习辅导百问

本书编写组　编

教育科学出版社
·北京·

出 版 人　郑豪杰
责任编辑　孔明丽　石　静　宋崇义
版式设计　京久科创　杨玲玲
责任校对　贾静芳
责任印制　叶小峰

图书在版编目（CIP）数据
《教育强国建设规划纲要（2024—2035年）》学习辅导百问 / 本书编写组编. --北京：教育科学出版社，2025. 2（2025.3重印）. -- ISBN 978-7-5191-4388-6
Ⅰ. G521
中国国家版本馆CIP数据核字第2024MJ8380号

《教育强国建设规划纲要（2024—2035 年）》学习辅导百问
《JIAOYU QIANGGUO JIANSHE GUIHUA GANGYAO（2024—2035 NIAN）》XUEXI FUDAO BAI WEN

出版发行	教育科学出版社		
社　　址	北京·朝阳区安慧北里安园甲9号	邮　　编	100101
总编室电话	010−64981290	编辑部电话	010−64981321
出版部电话	010−64989487	市场部电话	010−64989009
传　　真	010−64891796	网　　址	http://www.esph.com.cn
经　　销	各地新华书店		
制　　作	北京京久科创文化有限公司		
印　　刷	保定市中画美凯印刷有限公司		
开　　本	880毫米×1230毫米　1/32	版　　次	2025年2月第1版
印　　张	9.5	印　　次	2025年3月第3次印刷
字　　数	153千	定　　价	39.00元

目 录

《纲要》学习辅导百问

紧紧围绕立德树人根本任务
朝着建成教育强国战略目标扎实迈进

全国教育大会9日至10日在北京召开。中共中央总书记、国家主席、中央军委主席习近平出席大会并发表重要讲话。他强调，建成教育强国是近代以来中华民族梦寐以求的美好愿望，是实现以中国式现代化全面推进强国建设、民族复兴伟业的先导任务、坚实基础、战略支撑，必须朝着既定目标扎实迈进。

9月10日是我国第四十个教师节。习近平代表党中央，向全国广大教师和教育工作者致以节日祝贺和诚挚问候。

李强主持会议。赵乐际、王沪宁、蔡奇、李希出席会议。丁薛祥作总结讲话。

习近平在讲话中指出，教育是强国建设、民族复兴之基。党的十八大以来，我们坚持把教育作为国之大计、党之大计，全面贯彻党的教育方针，作出深入实施科教兴国战略、加快教育现代化的重大决策，确立到

2035年建成教育强国的奋斗目标，加强党对教育工作的全面领导，不断推进教育体制机制改革，推动新时代教育事业取得历史性成就、发生格局性变化，教育强国建设迈出坚实步伐。

习近平强调，我们要建成的教育强国，是中国特色社会主义教育强国，应当具有强大的思政引领力、人才竞争力、科技支撑力、民生保障力、社会协同力、国际影响力，为以中国式现代化全面推进强国建设、民族复兴伟业提供有力支撑。

习近平指出，建设教育强国是一项复杂的系统工程，需要我们紧紧围绕立德树人这个根本任务，着眼于培养德智体美劳全面发展的社会主义建设者和接班人，坚持社会主义办学方向，坚持和运用系统观念，正确处理支撑国家战略和满足民生需求、知识学习和全面发展、培养人才和满足社会需要、规范有序和激发活力、扎根中国大地和借鉴国际经验等重大关系。

习近平强调，要坚持不懈用新时代中国特色社会主义思想铸魂育人，实施新时代立德树人工程。不断加强和改进新时代学校思想政治教育，教育引导青少年学生坚定马克思主义信仰、中国特色社会主义信念、中华民族伟大复兴信心，立报国强国大志向、做挺膺担当奋斗者。注重运用新时代伟大变革成功案例，充分发挥红色资源育人功能，不断拓展实践育人和网络育人的空间和阵地。加大国家通用语言文字推广力度，促进铸牢中华民族共同体意识。

习近平指出，要统筹实施科教兴国战略、人才强国战略、创新驱动发展战略，一体推进教育发展、科技创新、人才培养。以科技发展、国家战略需求为牵引，着眼提高创新能力，优化高等教育布局，完善高校学科设置调整机制和人才培养模式，加强基础学科、新兴学科、交叉学科建设和拔尖人才培养。强化校企科研合作，让更多科技成果尽快转化为现实生产力。构建职普融通、产教融合的职业教育体系，大力培养大国工匠、能工巧匠、高技能人才。

习近平强调，要坚持以人民为中心，不断提升教育公共服务的普惠性、可及性、便捷性，让教育改革发展成果更多更公平惠及全体人民。优化区域教育资源配置，推动义务教育优质均衡发展，逐步缩小城乡、区域、校际、群体差距。持续巩固“双减”成果，全面提升课堂教学水平，提高课后服务质量。深入实施国家教育数字化战略，扩大优质教育资源受益面，提升终身学习公共服务水平。

习近平指出，要实施教育家精神铸魂强师行动，加强师德师风建设，提高教师培养培训质量，培养造就新时代高水平教师队伍。提高教师政治地位、社会地位、职业地位，加强教师待遇保障，维护教师职业尊严和合法权益，让教师享有崇高社会声望、成为最受社会尊重的职业之一。

习近平强调，要深入推动教育对外开放，统筹“引进来”和“走出去”，不断提升我国教育的国际影响力、竞争力和话语权。扩大国际学术交流和教育科研合作，积极参与全球教育治理，为推动全球教育事业发展贡献更多中国力量。

李强在主持会议时指出，习近平总书记的重要讲话站在党和国家事业发展全局的战略高度，全面总结了新时代教育事业取得的历史性成就、发生的格局性变化，系统阐释了教育强国的科学内涵和基本路径，深刻阐述了教育强国建设要正确处理好的重大关系，系统部署了全面推进教育强国建设的战略任务和重大举措。总书记的重要讲话高屋建瓴、思想深邃、内涵丰富，具有很强的政治性、思想性、指导性，是指导新时代新征程教育工作的纲领性文献，为建设教育强国指明了前进方向、提供了根本遵循。我们要认真学习领会、深入贯彻落实，把思想和行动统一到习近平总书记重要讲话精神和党中央决策部署上来，务实功、出实招、求实效，奋力谱写教育强国建设崭新篇章。

丁薛祥在总结讲话中指出，要深入学习贯彻习近平总书记重要讲话精神，深刻领悟“两个确立”的决定性意义，增强“四个意识”、坚定“四个自信”、做到“两个维护”，牢牢把握教育的政治属性、人民属性、战略属性，坚定不移走中国特色社会主义教育发展道路。要坚持不懈用习近平新时代中国特色社会主义思想铸魂育人，锻造好落实立德树人根本任务的关键课程。推动教育科技人才一体发展，完善高校科技创新体制机制，加强拔尖创新人才培养，发挥好支撑引领中国式现代化的重要功能。加快建设高质量教育体系，推动义务教育优质均衡发展，解决好人民群众关于教育的急难愁盼问题。加强高素质专业化教师队伍建设，弘扬教育家精神，提升教书育人能力，强化待遇保障，巩固好教育强国建设的重要根基。全面深化教育综合改革，推进高水平教育开放，构建好有利于教育高质量发展的体制机制。各地区、各部门、各单位要以钉钉子精神，推动大会精神入脑入心、工作部署落地见效。

会上，中央组织部、中央宣传部、教育部、科技部、辽宁省、上海市、湖北省、贵州省、中国电子科技集团有限公司、北京大学负责同志作交流发言。

会前，习近平等领导同志亲切接见了参加庆祝第四十个教师节暨全国教育系统先进集体和先进个人表彰活动代表，同代表们热情握手，并同大家合影留念。

中共中央政治局委员、中央书记处书记，全国人大常委会有关领导同志，国务委员，最高人民法院院长，最高人民检察院检察长，全国政协有关领导同志出席会议。

会议以电视电话会议形式召开。中央教育工作领导小组成员，各省区市和计划单列市、新疆生产建设兵团党政主要负责同志和有关部门主要负责同志，中央和国家机关有关部门、有关人民团体、军队有关单位主要负责同志，中央管理的部分企业、高校负责同志等参加会议。

（新华社北京 2024 年 9 月 10 日电）

奋力书写新时代新征程
教育强国建设崭新篇章

中共教育部党组

教育是强国建设、民族复兴之基。习近平总书记在全国教育大会上的重要讲话，对新时代新征程加快建设教育强国作出系统部署，向全党全社会发出建设教育强国的动员令。教育系统将坚定不移抓好落实，勇担兴教强教新使命，不断开创工作新局面。

增强加快推进教育强国建设的思想自觉和行动自觉

习近平总书记的重要讲话，深入分析建设教育强国的实践基础、面临形势，系统阐释教育强国的科学内涵、基本路径和重大任务举措，具有很强的政治性、思想性、指导性，为教育强国建设提供了行动纲领和科学指南。教育系统深受鼓舞、倍感振奋，同时深感使命光荣、责任重大。

教育的地位作用前所未有。党和国家历来重视教育，在2018年全国教育大会上，习近平总书记提出“教育是国之大计、党之大计”重大论断，提炼概括“九个坚持”的重大理论成果。党的二十大报告明确到2035年建成教育强国，并首次把教育科技人才统筹安排、一体部署，摆在突出位置，充分彰显教育的基础性、先导性、全局性地位和作用。党的二十届三中全会《决定》在“构建支持全面创新体制机制”中对统筹推进教育科技人才体制机制一体改革作出战略部署，反映出教育、科技、人才作为中国式现代化基础性、战略性支撑的重大价值。在这次全国教育大会上，习近平总书记指出“教育是强国建设、民族复兴之基”，强调建成教育强国是“实现以中国式现代化全面推进强国建设、民族复兴伟业的先导任务、坚实基础、战略支撑”，充分体现了习近平总书记对建设教育强国的高度重视和亲切关怀，标志着教育在党和国家事业发展全局中的地位作用上升到崭新高度。

教育系统的使命责任前所未有。习近平总书记指出：“建设教育强国是一项复杂的系统工程。”我们要清醒认识到，实现从教育大国向教育强国的跨越依然任重道远。面对新一轮科技革命和产业变革对全球秩序和发展格局带来的深远影响，能不能建成教育强国、为加快实现高水平科技自立自强提供支撑，能不能培养出世界一流人才和经济社会发展所需的大批高素质建设者，是摆在我们面前的重大课题。我国人口呈现少子化、老龄化、区域人口增减分化的趋势性特征，对城乡学校布局、教师资源配置、构建服务全民终身学习的高质量教育体系提出了新的要求。人民群众对更高质量、更加多样教育的向往与教育发展的不平衡不充分之间的矛盾比较突出，如何让每个孩子都享有公平而有质量的教育，使具有不同禀赋和潜能的每一个人都能得到充分发展，将是我们长期努力、不断改革的方向。

如期建成教育强国的信心底气前所未有。习近平总书记指出："新时代教育事业取得历史性成就、发生格局性变化，教育强国建设迈出坚实步伐。"党的十八大以来，以习近平同志为核心的党中央坚持把教育摆在优先发展的战略位置，不断深化教育体制机制改革，推动我国建成世界最大规模且有质量的教育体系，教育现代化发展总体水平跨入世界中上国家行列。新时代教育在人才培养、基础研究、重大科技突破等方面，为国家经济社会发展作出了重大贡献，为教育强国建设奠定了坚实基础。这些成就的取得，根本在于习近平总书记掌舵领航，在于习近平新时代中国特色社会主义思想科学指引，这是我们信念坚定、强大底气之所在。今天，我们比历史上任何时期都更有信心、更有条件、更有能力完成建成教育强国的重大历史使命。

聚焦战略图景架构教育强国建设“四梁八柱”

习近平总书记的重要讲话整体擘画教育强国战略图景，科学回答了为什么要建设教育强国、建设什么样的教育强国、怎样建设教育强国等一系列重大问题。新时代新征程，我们要牢牢把握教育的政治属性、人民属性、战略属性，深刻领会教育强国的“六大特质”，紧扣重点领域、关键环节，坚持系统、整体推进教育强国建设。

把“三大属性”贯穿教育强国建设各方面全过程。教育的政治属性、人民属性、战略属性，深刻揭示我国社会主义教育的先进本质、鲜明特色、独有优势。三者内涵丰富、相互联系、有机统一，需要贯通和体现到教育强国建设的各方面全过程。着眼政治属性，必须回答好“为谁培养人、培养什么人、怎样培养人”的根本问题，确保我们培养的人始终忠于党、忠于国家、忠于人民、忠于社会主义。着眼人民属性，必须回答好教育的基本立场和价值追求问题，促进教育改革发展成果更多更公平惠及全体人民。着眼战略属性，必须回答好教育服务高质量发展的重大问题，发挥教育强国建设支撑引领中国式现代化的重要功能。

聚焦“六大特质”实现教育强国质的提升。习近平总书记强调：“我们要建成的教育强国，是中国特色社会主义教育强国，应当具有强大的思政引领力、人才竞争力、科技支撑力、民生保障力、社会协同力、国际影响力，为以中国式现代化全面推进强国建设、民族复兴伟业提供有力支撑。”这“六大特质”既体现为发展能力，也体现为工作力度，还体现为综合实力，是教育强国建设的本质性要求、标志性成效和根本性标尺。聚焦思政引领力，需要始终把握正确政治方向、掌握意识形态工作领导权、有效塑造学生价值观。聚焦人才竞争力，需要把培养国家重大战略急需人才摆到更加突出的位置，努力形成拔尖创新人才的国际比较优势。聚焦科技支撑力，需要发挥高校基础研究的主力军和重大科技突破的策源地作用，推动实现高水平科技自立自强。聚焦民生保障力，需要及时有效回应人民群众更加公平优质教育需求、促进人的全面发展和全体人民共同富裕。聚焦社会协同力，需要调动中央和地方两个积极性、有效协调整合全社会资源，共同支持教育、汇聚强大合力，推动教育治理体系和治理能力现代化。聚焦国际影响力，需要扩大国际教育交流和合作，提升中国教育的全球话语权、吸引力和在全球教育治理中的引领力、塑造力。

以高质量教育体系支撑我国由教育大国向教育强国系统性跃升。围绕教育体系的系统性重构、整体性重塑、机制性重建，统筹政策配套、资源配置、机制创新，聚焦立德树人根本任务，统筹基础教育、高等教育、职业教育、终身教育，加强科技支撑，牢牢把握教师队伍建设基础作用，拓展教育国际化发展空间，推动教育体系更加注重系统性、综合性集成，推动教育组织更加注重开放融合、多元多样，推动教育发展更加注重胸怀天下、自信自立，推动教育活动更加注重向更加灵活广阔的自主学习、终身学习延伸。

以改革创新精神推进教育强国建设重点任务落地见效

习近平总书记指出："正确处理支撑国家战略和满足民生需求、知识学习和全面发展、培养人才和满足社会需要、规范有序和激发活力、扎根中国大地和借鉴国际经验等重大关系。"我们要深刻领悟"五大关系"蕴含的科学规律，直面突出问题、关键要害，深化改革创新，不断为教育强国建设增动力、添活力。

坚定不移落实好立德树人根本任务。持续深化习近平新时代中国特色社会主义思想进教材、进课堂、进头脑，全面组织实施新时代立德树人工程，同步推进思政课建设与党的创新理论武装。突出构建以习近平新时代中国特色社会主义思想为核心内容的课程教材体系这一重点，根据每个学段学生认知特点，系统完善中小学思政课课程标准，整体优化设计高校思政课课程方案，实现循序渐进、螺旋上升、不断巩固的育人效果。发挥新时代伟大变革成功案例的教育激励作用，引导学生感悟党的创新理论的实践伟力。加强党的创新理论体系化学理化研究阐释，将成果运用到教学实践中。加强“大思政课”建设，坚持课上课下协同、校内校外一体、线上线下融合，打造网络思想政治教育特色品牌，不断拓展实践育人和网络育人的空间和阵地。以身心健康为突破点强化五育并举，深入实施素质教育，促进学生全面成长成才。

强化教育对科技和人才的支撑作用。着力在统筹推进教育科技人才体制机制一体改革上取得实质进展，实施基础学科和交叉学科突破计划，提高基础研究组织化程度。完善以科技发展、国家战略需求为牵引的高校学科设置调整机制和人才培养模式。探索拔尖创新人才培养新模式，强化工程硕博士培养，构建青年科技人才长周期稳定支持机制。实施高等教育综合改革试点，分类推进高校改革发展，完善人才供需适配机制。打造区域技术转移转化中心，强化校企科研合作，布局建设高等教育研究院。深化省域现代职业教育体系建设改革，推进市域产教联合体、行业产教融合共同体试点。

提升教育公共服务质量和水平。针对各学段人口依次达峰，建立同人口变化相协调的基本公共教育服务供给机制，做好教育资源配置的前瞻布局。深入实施新时代基础教育扩优提质行动计划，完善义务教育优质均衡推进机制，促进学前教育普及普惠和高中阶段学校多样化发展，探索逐步扩大免费教育范围。持续巩固“双减”成果，全面提升课堂教学水平，提高课后服务质量。深入实施国家教育数字化战略，提升终身学习公共服务水平。

培养造就新时代高水平教师队伍。实施教育家精神铸魂强师行动，推动教育家精神融入教师培养培训全过程，健全师德师风建设长效机制。健全中国特色教师教育体系，进一步提升师范教育办学水平，深入实施“国优计划”等，推动高水平大学开展教师教育。统筹优化教师管理与资源配置，调整学校师生配比、优化教师岗位结构比例等，解决教师结构性、阶段性、区域性短缺问题。进一步加大优秀教师选树表彰和宣传力度，让教师成为最受社会尊崇的职业之一。

建设具有全球影响力的重要教育中心。系统重塑教育大外事工作格局，鼓励国外高水平理工类大学来华合作办学，更好服务国家战略和外交大局。扩大国际学术交流和教育科研合作，支持高水平研究型大学发起和参与国际大科学计划、建设大科学装置、主持重大国际科研项目。积极参与全球教育治理，深化同国际组织和多边机制合作，发挥在全球教育议程设计、议题设置和规则制定中的作用，不断提升我国教育国际影响力。

一分部署，九分落实。我们要坚持打基础、建机制和利长远相结合，统筹近期中期远期，抓紧谋划布局急需抓住的重大事项、急需突破的重大领域和环节，将教育强国蓝图转化为具体施工图、任务书、责任状。坚持以钉钉子精神抓好落实，以百年树人的战略眼光和百舸争流的奋斗姿态勇毅前行，把习近平总书记重要讲话精神转化为教育强国建设的澎湃动力、生动实践，转化为支撑引领中国式现代化的有力举措、务实成效。

（本文刊发于《人民日报》2024年10月16日第09版）

教育强国建设规划纲要
（2024—2035年）

为深入贯彻党的二十大关于加快建设教育强国的战略部署，制定本规划纲要。

一、总体要求

坚持以习近平新时代中国特色社会主义思想为指导，深入贯彻党的二十大和二十届二中、三中全会精神，全面贯彻习近平总书记关于教育的重要论述，深刻领悟“两个确立”的决定性意义，坚决做到“两个维护”，坚持教育优先发展，全面贯彻党的教育方针，坚定不移走中国特色社会主义教育发展道路，坚持社会主义办学方向，全面把握教育的政治属性、人民属性、战略属性，落实立德树人根本任务，为党育人、为国育才，全面服务中国式现代化建设，扎根中国大地办教育，加快建设高质量教育体系，培养德智体美劳全面发展的社会主义建设者和接班人，加快建设具有强大思政引领力、人才竞争力、科技支撑力、民生保障力、社会协同力、国际影响力的中国特色社会主义教育强国，为建设社会主义现代化强国、全面推进中华民族伟大复兴提供有力支撑。

工作中要做到：坚持党对教育事业的全面领导，突出促进公平、提高质量，强化战略引领、支撑发展，深化改革创新、协同融合，坚持自主自信、胸怀天下。正确处理支撑国家战略和满足民生需求、知识学习和全面发展、培养人才和满足社会需要、规范有序和激发活力、扎根中国大地和借鉴国际经验的关系，全面构建固本铸魂的思想政治教育体系、公平优质的基础教育体系、自强卓越的高等教育体系、产教融合的职业教育体系、泛在可及的终身教育体系、创新牵引的科技支撑体系、素质精良的教师队伍体系、开放互鉴的国际合作体系，实现由大到强的系统跃升。

主要目标是：到 2027 年，教育强国建设取得重要阶段性成效。各级教育普及水平持续巩固提升，高质量教育体系初步形成，人民群众教育获得感明显提升，人才自主培养质量全面提高，拔尖创新人才不断涌现，关键领域改革取得实质性进展，教育布局结构与经济社会和人口高质量发展需求更加契合，具有全球影响力的重要教育中心建设迈上新台阶。到2035年，建成教育强国。党对教育事业全面领导的制度体系和工作机制系统完备，高质量教育体系全面建成，基础教育普及水平和质量稳居世界前列，学习型社会全面形成，人民群众教育满意度显著跃升，教育服务国家战略能力显著跃升，教育现代化总体实现。

二、塑造立德树人新格局，培养担当民族复兴大任的时代新人

（一）加强和改进新时代学校思想政治教育。坚持不懈用习近平新时代中国特色社会主义思想铸魂育人，加强习近平总书记关于教育的重要论述的学理阐释。实施新时代立德树人工程，坚持思政课建设与党的创新理论武装同步推进，加快构建以习近平新时代中国特色社会主义思想为核心内容的课程教材体系，把学校思想政治教育贯穿各学科体系、教学体系、教材体系、管理体系，融入思想道德、文化知识、社会实践教育，确保广大学生始终忠于党、忠于国家、忠于人民、忠于社会主义，坚定马克思主义信仰、中国特色社会主义信念、中华民族伟大复兴信心。开好讲好“习近平新时代中国特色社会主义思想概论”课，系统完善中小学思政课课程

标准，整体优化设计高校思政课课程方案，推进大中小学思政课一体化改革创新。打造一批“大思政课”品牌。推动理想信念教育常态化制度化，加强社会主义核心价值观教育。加强党史、新中国史、改革开放史、社会主义发展史教育。深化爱国主义、集体主义、社会主义教育，开展中国共产党人精神谱系教育。坚定文化自信，加强社会主义先进文化、革命文化和中华优秀传统文化教育，分学段有序融入思想政治教育。加强铸牢中华民族共同体意识教育。完善党政领导干部进校园开展思想政治教育长效机制，开展教育系统党员教育基本培训。增强学校基层党组织政治功能和组织功能，发挥战斗堡垒作用。

（二）加强党的创新理论体系化学理化研究阐释和成果应用。深入阐释党的创新理论科学内涵和实践要求，建强马克思主义理论学科，构建学科体系、学术体系、话语体系。全面推动党的创新理论研究成果转化为相应的学科方向和课程教材，将新时代伟大变革成功案例及其蕴含的道理学理哲理融入学校思想政治教育。

（三）拓展实践育人和网络育人空间和阵地。统筹推动价值引领、实践体验、环境营造，探索课上课下协同、校内校外一体、线上线下融合的育人机制。组织学生体验感悟新时代生动实践和伟大成就，增加实践教学比重，充分发挥红色资源育人功能，支持学生参加红色研学之旅。推动思想政治工作和信息技术深度融合，打造网络思想政治教育特色品牌，加强青少年学生网络安全意识、文明素养、行为习惯等教育，塑造有利于青少年健康成长的网络空间和育人生态。

（四）促进学生健康成长、全面发展。深入实施素质教育，健全德智体美劳全面培养体系，加快补齐体育、美育、劳动教育短板。落实健康第一教育理念，实施学生体质强健计划，中小学生每天综合体育活动时间不低于 2 小时，加强校园足球建设，有效控制近视率、肥胖率。推进学校美育浸润行动。实施劳动习惯养成计划，提升学生动手实践能力、解决复杂问题能力和社会适应能力。普及心理健康教育，建立全国学生心理健康监测预警系统，分学段完善服务工作机制。加强宪法法治教育、国家安全教育、国防教育。深入实施青少年学生读书行动。

（五）打造培根铸魂、启智增慧的高质量教材。落实教材建设国家事权，体现党和国家意志。加强新时代马克思主义理论研究和建设工程重点教材建设。推进思政课教材建设。深入总结新时代伟大实践，推出“中国系列”原创教材，打造自主教材体系。开发一批基础教育科学教材，打造一批职业教育优质教材，建设一批本科和研究生一流核心教材，遴选引进一批理工农医学科前沿优质教材。加快推进教材数字化转型。完善教材管理体制，健全国家、地方、学校、出版单位分级分类负责机制。完善教材建设相关表彰奖励制度。规范教辅材料和课外读物管理。

（六）推广普及国家通用语言文字。实施国家通用语言文字普及攻坚和质量提升行动。提高全民语言文化素养。健全语言文字规范标准体系，建设新型国家语料库。开展语言国情国力调查。加强网络空间语言文字规范引导。深入实施国家语言文化传承发展系列工程。加强与港澳台语言文化交流。

三、办强办优基础教育，夯实全面提升国民素质战略基点

（七）健全与人口变化相适应的基础教育资源统筹调配机制。深入实施基础教育扩优提质工程。探索逐步扩大免费教育范围。建立基础教育各学段学龄人口变化监测预警制度，优化中小学和幼儿园布局。提高教育公共服务质量和水平，提升普惠性、可及性、便捷性，加

强近期和中长期教育资源统筹配置。建立“市县结合”的基础教育管理体制，因地制宜打通使用各学段教育资源，加强跨学段动态调整和余缺调配，扩大学龄人口净流入城镇教育资源供给。支持人口20万以上县（市、区、旗）办好一所达到标准的特殊教育学校，鼓励有条件的地区建设十五年一贯制特殊教育学校。加强专门学校建设和专门教育工作。

（八）推动义务教育优质均衡发展和城乡一体化。加强义务教育学校标准化建设，逐步缩小城乡、区域、校际、群体差距。促进学校优秀领导人员和骨干教师区域内统筹调配、交流轮岗。有序推进小班化教学。提升寄宿制学校办学条件和管理水平，办好必要的乡村小规模学校。推动符合条件的农业转移人口随迁子女义务教育享有同迁入地户籍人口同等权利，健全留守儿童、残疾儿童关爱体系和工作机制，健全控辍保学常态化机制。持续做好国家乡村振兴重点帮扶县教育人才“组团式”帮扶工作。深入开展县域义务教育优质均衡督导评估，有序推进市域义务教育优质均衡发展。

（九）促进学前教育普及普惠和高中阶段学校多样化发展。稳步增加公办幼儿园学位供给，落实和完善普惠性民办幼儿园扶持政策。支持有条件的幼儿园招收2

至3岁幼儿。统筹推进市域内高中阶段学校多样化发展，加快扩大普通高中教育资源供给。探索设立一批以科学教育为特色的普通高中，办好综合高中。深入实施县域普通高中振兴计划。

（十）统筹推进“双减”和教育教学质量提升。巩固校外培训治理成果，严控学科类培训，规范非学科类培训。坚持依法治理，加强数字化、全流程管理。强化学校教育主阵地作用，全面提升课堂教学水平，加强对学习困难学生的辅导。压减重复性作业，减少日常考试测试频次。提高课后服务质量，丰富服务内容。加强科学教育，强化核心素养培育。

四、增强高等教育综合实力，打造战略引领力量

（十一）分类推进高校改革发展。实施高等教育综合改革试点。按照研究型、应用型、技能型等基本办学定位，区分综合性、特色化基本方向，明确各类高校发展定位，支持理工农医、人文社科、艺术体育等高校差异化发展。建立分类管理、分类评价机制，在办学条件、招生计划、学位点授权、经费投入等方面分类支持。根据不同类型高校功能定位、实际贡献、特色优势，建立资源配置激励机制，引导高校在不同领域不同

赛道发挥优势、办出特色。

（十二）优化高等教育布局。统筹中央部门所属高校和地方高校发展。加大高水平研究型大学建设力度，加快推进地方高校应用型转型。支持部省合建高校加快发展，优化省部共建高校区域布局。新增高等教育资源适度向中西部地区、民族地区倾斜。完善对口支援工作机制。鼓励国外高水平理工类大学来华合作办学。支持高校改善学生宿舍等办学条件。有序扩大优质本科教育招生规模，扩大研究生培养规模，稳步提高博士研究生占比，大力发展专业学位研究生教育。

（十三）加快建设中国特色、世界一流的大学和优势学科。围绕中国式现代化的本质要求，自主科学确定“双一流”标准，聚焦优势学科适度扩大“双一流”建设范围。完善质量、特色、贡献导向的监测评价体系，健全动态调整和多元投入机制，加大资源配置力度。建立科技发展、国家战略需求牵引的学科设置调整机制和人才培养模式。实施一流学科培优行动，推动学科融合发展，超常布局急需学科专业，加强基础学科、新兴学科、交叉学科建设，支持濒危学科和冷门学科。深化博士研究生教育改革，打造具有全球影响力的博士研究生教育，不断提升自主培养、吸引集聚高层次人才的能力。

（十四）完善拔尖创新人才发现和培养机制。着力加强创新能力培养，面向中小学生实施科学素养培育“沃土计划”；面向具有创新潜质的高中学生实施“脱颖计划”等。在战略急需和新兴领域，探索国家拔尖创新人才培养新模式。深化新工科、新医科、新农科、新文科建设，强化科技教育和人文教育协同，推进理工结合、工工贯通、医工融合、农工交叉，建强国家卓越工程师学院、国家产教融合创新平台等，深入实施国家卓越医师人才培养计划。打造一流核心课程、教材、实践项目和师资团队。

（十五）构建中国哲学社会科学自主知识体系。聚焦中国式现代化建设重大理论和实践问题，以党的创新理论引领哲学社会科学知识创新、理论创新、方法创新，构建以各学科标识性概念、原创性理论为主干的自主知识体系。实施习近平新时代中国特色社会主义思想研究、中国特色哲学社会科学研究重大专项，加快自主知识体系构建步伐，覆盖哲学社会科学所有一级学科。完善以实践为导向的法学院校教育培养机制。推进哲学社会科学创新平台和创新团队建设，加强全国重点马克思主义学院建设，建好高校哲学社会科学实验室。

五、培育壮大国家战略科技力量，有力支撑高水平科技自立自强

（十六）实施基础学科和交叉学科突破计划。强化高水平研究型大学国家基础研究主力军和重大科技突破策源地作用，提高基础研究组织化程度，建立科技创新与人才培养相互支撑、带动学科高质量发展的有效机制。打造校企地联合创新平台，加强重大科技基础设施、科技资源库建设，打造一流科技领军人才和创新团队，实现基础学科突破，引领学科交叉融合再创新。

（十七）促进青年科技人才成长发展。大力弘扬科学家精神，营造鼓励探索、宽容失败的良好环境。培养造就一批高水平师资和学术大师。

（十八）提高高校科技成果转化效能。依托国家大学科技园打造高校区域技术转移转化中心，加强与各类技术转移转化平台和高新园区等的协同，搭建校企联合研发、概念验证、中试熟化等平台，建强技术转移转化等专业人才队伍。打造高端成果交易会、大学生创新大赛等品牌。

（十九）建设高等研究院开辟振兴区域发展新赛道。面向中西部、东北等地区布局建设高等研究院，促进高水平高校、优势学科与重点行业和头部企业强强联合，

以需求定项目、以项目定团队，构建人才培养、科学研究和技术转移为一体的产教融合科教融汇新样本。

六、加快建设现代职业教育体系，培养大国工匠、能工巧匠、高技能人才

（二十）塑造多元办学、产教融合新形态。深入推进省域现代职业教育体系新模式试点，落实地方政府统筹发展职业教育主体责任。建强市域产教联合体、行业产教融合共同体，优化与区域发展相协调、与产业布局相衔接的职业教育布局。推动有条件地区将高等职业教育资源下沉到市县。鼓励企业举办或参与举办职业教育，推动校企在办学、育人、就业等方面深度合作。健全德技并修、工学结合育人机制，在产业一线培养更多大国工匠。

（二十一）以职普融通拓宽学生成长成才通道。支持普通中小学开展职业启蒙教育、劳动教育。推动中等职业教育与普通高中教育融合发展。加强优质中等职业学校与高等职业学校衔接培养。加强教考衔接，优化职教高考内容和形式。鼓励应用型本科学校举办职业技术学院或开设职业技术专业。稳步扩大职业本科学校数量和招生规模。

（二十二）提升职业学校关键办学能力。优化实施高水平高等职业学校和专业建设计划，建设一批办学特色鲜明的高水平职业本科学校。加快推动职业学校办学条件全面达标。实施职业教育教学关键要素改革，系统推进专业、课程、教材、教师、实习实训改革，建设集实践教学、真实生产、技术服务功能于一体的实习实训基地。

（二十三）优化技能人才成长政策环境。加大产业、财政、金融、就业等政策支持，新增教育经费加大对职业教育支持。积极推动职业学校毕业生在落户、就业、参加招录（聘）、职称评聘、晋升等方面与普通学校毕业生享受同等待遇。落实“新八级工”制度，以技能水平和创造贡献为依据，提高生产服务一线技能人才工资水平。弘扬劳模精神、劳动精神、工匠精神，形成人人皆可成才、人人尽展其才的良好环境。

七、建设学习型社会，以教育数字化开辟发展新赛道、塑造发展新优势

（二十四）提升终身学习公共服务水平。构建以资历框架为基础、以学分银行为平台、以学习成果认证为重点的终身学习制度。加强教育资源共享和公共服务平

台建设，建设学习型城市、学习型社区，完善国家开放大学体系，建好国家老年大学。加强学习型社会数字基础设施建设，建好国家数字大学。完善和加强继续教育、自学考试、非学历教育等制度保障，建设人人皆学、处处能学、时时可学的学习型社会。

（二十五）实施国家教育数字化战略。坚持应用导向、治理为基，推动集成化、智能化、国际化，建强用好国家智慧教育公共服务平台，建立横纵贯通、协同服务的数字教育体系。开发新型数字教育资源。建好国家教育大数据中心，搭建教育专网和算力共享网络。推进智慧校园建设，探索数字赋能大规模因材施教、创新性教学的有效途径，主动适应学习方式变革。打造世界数字教育大会、世界数字教育联盟、全球数字教育发展指数、数字教育权威期刊等公共产品，推动优质慕课（大型开放式网络课程）走出去。

（二十六）促进人工智能助力教育变革。面向数字经济和未来产业发展，加强课程体系改革，优化学科专业设置。制定完善师生数字素养标准，深化人工智能助推教师队伍建设。打造人工智能教育大模型。建设云端学校等。建立基于大数据和人工智能支持的教育评价和科学决策制度。加强网络安全保障，强化数据安全、人工智能算法和伦理安全。

八、建设高素质专业化教师队伍，筑牢教育强国根基

（二十七）实施教育家精神铸魂强师行动。推动教育家精神融入教师培养培训全过程，贯穿课堂教学、科学研究、社会实践各环节，构建日常浸润、项目赋能、平台支撑的教师发展良好生态。加强教师队伍思想政治工作，加强教师党组织建设，发挥党员教师先锋模范作用。坚持师德师风第一标准，健全师德师风建设长效机制，严格落实师德失范“零容忍”。

（二十八）提升教师专业素质能力。健全教师教育体系，扩大实施国家优秀中小学教师培养计划，推动高水平大学开展教师教育，提高师范教育办学质量。加强义务教育班主任队伍建设。完善高水平职业教育教师培养培训和企业实践制度，提升“双师型”教师队伍建设水平。面向全球聘任高水平师资，加强教师培训国际交流合作，健全高校教师发展支持服务体系。强化教师全员培训，完善国家、省、市、县、校分级研训体系。

（二十九）优化教师管理和资源配置。完善国家教师资格制度和教师招聘制度。优化各级各类学校师生配

比，统筹做好寄宿制学校、公办幼儿园教职工编制配备。优化中小学教师“县管校聘”管理机制。深化教师考核评价制度改革。优化教师岗位结构比例。鼓励职业学校教师与企业高技能人才按规定互聘兼职。制定高校工科教师聘用指导性标准。深入实施国家银龄教师行动计划。推动博士后成为高校教师的重要来源。

（三十）提高教师政治地位、社会地位、职业地位。保障教师课后服务工作合理待遇，优化教师工资结构，落实完善乡村教师生活补助政策。强化高中、幼儿园教师工资待遇保障，完善职业学校教师绩效工资保障制度，推进高校薪酬制度改革。维护教师职业尊严和合法权益，减轻教师非教育教学任务负担，落实社会公共服务教师优先政策，做好教师荣休工作。加大优秀教师选树表彰和宣传力度，让教师享有崇高社会声望、成为最受社会尊重的职业之一。

九、深化教育综合改革，激发教育发展活力

（三十一）深化教育评价改革。各级党委和政府要树立正确政绩观，树立科学的教育评价导向，防止和纠正“分数至上”等偏差。有序推进中考改革。加快扩大优质高中招生指标到校，开展均衡派位招生试点。深化

高考综合改革，构建引导学生德智体美劳全面发展的考试或考核内容体系，重点强化学生关键能力、学科素养和思维品质考查。深化研究生学术学位和专业学位的分类选拔，加强科研创新能力和实践能力考查。推进信息技术赋能考试评价改革。深化高校人才评价改革，破除人才“帽子”制约，突出创新能力、质量、实效、贡献导向，科学认定标志性成果。完善义务教育优质均衡推进机制。引导规范民办教育发展。

（三十二）完善人才培养与经济社会发展需要适配机制。坚持总体适配、动态平衡、良性互动，完善人才需求预测预警机制，探索建立国家人才供需对接大数据平台，加强分行业分领域人才需求分析和有效对接，定期编制发布人才需求报告和人才需求目录。开展就业状况跟踪调查，强化就业状况与招生计划、人才培养联动，加强就业质量监测和评价反馈。超前布局、动态调整学科专业，优化办学资源配置，完善学生实习实践制度。加快构建高校毕业生高质量就业服务体系，促进高校毕业生高质量充分就业。

（三十三）提升依法治教和管理水平。健全教育法律法规规章，研究编纂教育法典。完善学校管理体系，健全学校章程实施保障机制，落实学校办学自主权。坚决惩治学术不端行为及学术腐败，完善师生科研诚信和作风学风教育培训机制。完善督政、督学、评估监测教育督导体系，健全国家、省、市、县教育督导机构。构建校园智能化安防体系，完善学生欺凌和暴力行为早发现、早预防、早控制机制，加强防溺水、交通安全等教育，完善校园安全纠纷多元化解机制和安全风险社会化分担机制。

（三十四）健全教育战略性投入机制。各级政府要加大财政投入力度，建立预算拨款和绩效激励约束机制，确保财政一般公共预算教育支出逐年只增不减，确保按在校学生人数平均的一般公共预算教育支出逐年只增不减，保证国家财政性教育经费支出占国内生产总值比例高于4%。完善各级各类教育预算拨款制度，合理确定并适时提高相关拨款标准和投入水平，建立学生资助标准动态调整机制。逐步提高预算内投资用于教育的比重。优化完善教育领域相关转移支付。搭建高校、企业、社会深度融合的协同育人经费筹措合作机制。发挥各级教育基金会作用，引导规范社会力量投入和捐赠教育。完善非义务教育培养成本合理分担机制。完善覆盖全学段学生资助体系。完善教育经费统计体系。优化教育支出结构，强化经费监管和绩效评价。

（三十五）构建教育科技人才一体统筹推进机制。加强主管部门定期会商，共同做好政策协调、项目统筹、资源配置。完善科教协同育人机制，加强创新资源统筹和力量组织。强化教育对科技和人才的支撑作用，教育布局和改革试点紧密对接北京、上海、粤港澳大湾区等国际科技创新中心建设，对接区域科技创新中心建设、国家高水平人才高地和吸引集聚人才平台建设，提升国家创新体系整体效能。

十、完善教育对外开放战略策略，建设具有全球影响力的重要教育中心

（三十六）提升全球人才培养和集聚能力。加强对出国留学人员的教育引导和服务管理。改革国家公派出国留学体制机制，加强“留学中国”品牌和能力建设，完善来华留学入学考试考核。鼓励支持选拔优秀人才到国际知名高校、研究机构研修，扩大中外青少年交流，实施国际暑期学校等项目。提升高等教育海外办学能力，完善职业教育产教融合、校企协同国际合作机制，深耕鲁班工坊等品牌。支持更多国家开展中文教学。

（三十七）扩大国际学术交流和教育科研合作。支持高水平研究型大学发起和参与国际大科学计划、建设

大科学装置、主持重大国际科研项目，推动建设高水平高校学科创新引智基地、国际合作联合实验室。高质量推进国际产学研合作。积极参与开放科学国际合作。

（三十八）积极参与全球教育治理。深化同联合国教科文组织等国际组织和多边机制合作。建立教育创新合作网络，支持国际STEM（科学、技术、工程、数学）教育研究所建设发展。支持国内高校设立教育类国际组织、学术联盟，打造具有国际影响力的学术期刊、系列指数和报告。设立区域全面经济伙伴关系国际教育合作区。实施中国教育品牌培育计划。

十一、加强组织实施

建设教育强国，必须完善党委统一领导、党政齐抓共管、部门各负其责的教育领导体制。全面推进各级各类学校党的建设，牢牢掌握党对学校意识形态工作领导权，落实意识形态工作责任制，深入推进党风廉政建设和反腐败斗争，将党风政风、师德师风、校风学风建设作为评价学校领导班子办学治校水平的重要内容，维护教育系统政治安全与和谐稳定。充分发挥中央教育工作领导小组统筹协调、整体推进、督促落实作用，推动解决教育强国建设中的重大问题，加强教育强国建设的监测评价。各级党委和政府要切实扛起教育强国建设的政治责任，把推进教育强国建设纳入重要议事日程，结合实际抓好本规划纲要贯彻落实。要营造全社会共同关心支持教育强国建设的良好环境，加强宣传和舆论引导，健全学校家庭社会协同育人机制，形成建设教育强国强大合力。

（新华社北京 2025 年 1 月 19 日电）

扬起教育强国建设的强劲风帆

——写在《教育强国建设规划纲要（2024—2035年）》印发之际

近日，中共中央、国务院印发《教育强国建设规划纲要（2024—2035年）》（以下简称《纲要》），以到2035年建成教育强国为目标，对加快建设教育强国作出全面系统部署。

从党的十九大提出“建设教育强国”的重大命题，到党的二十大明确到2035年建成教育强国的重大战略目标，教育系统深入学习领会习近平总书记在全国教育大会上的重要讲话精神和习近平总书记关于教育的重要论述，深入学习领会习近平同志《论教育》，锚定教育强国建设的奋斗目标，上下联动，同题共答。伴随着《纲要》的出台，从理念到实践，从理想到行动，教育强国建设迈出更为坚实的步伐。

2024年全国教育大会的召开在中国教育发展史上树立起一座新的里程碑。习近平总书记在会上的重要讲话掷地有声、激荡人心：我们要建成的教育强国，是中国特色社会主义教育强国，应当具有强大的思政引领力、人才竞争力、科技支撑力、民生保障力、社会协同力、国际影响力，为以中国式现代化全面推进强国建设、民族复兴伟业提供有力支撑。

今天的中国，已建成世界上规模最大且有质量的教育体系，教育现代化发展总体水平跨入世界中上国家行列，正从教育大国阔步迈向教育强国。《纲要》的出台，必将凝聚起全国上下建设教育强国的思想共识、行动合力，以前瞻性的战略部署和顶层设计，系统性、整体性、协同性推进各项教育改革发展举措，为进入蓄势突破、全面跃升关键阶段的教育强国建设注入强劲的发展动力。

（一）

着眼战略全局，推进民族复兴

——立足全面推进中国式现代化的重大战略决策部署

教育是强国建设、民族复兴之基。

在 2024 年全国教育大会上，习近平总书记指出，建成教育强国是近代以来中华民族梦寐以求的美好愿望，是实现以中国式现代化全面推进强国建设、民族复兴伟业的先导任务、坚实基础、战略支撑，必须朝着既定目标扎实迈进。

习近平总书记在全国教育大会上发表的重要讲话，站在党和国家事业发展全局的战略高度，系统部署了全面推进教育强国建设的战略任务和重大举措，把我们党对中国特色社会主义教育发展规律的认识提升到了新高度，为我们朝着既定目标扎实迈进、奋力谱写教育强国建设崭新篇章提供了根本遵循。

回首习近平总书记擘画的教育强国战略图景，党的十八大以来，我们坚持把教育作为国之大计、党之大计，全面贯彻党的教育方针，作出深入实施科教兴国战略、加快教育现代化的重大决策，确立到 2035 年建成教育强国的奋斗目标，加强党对教育工作的全面领导，不断推进教育体制机制改革，推动新时代教育事业取得历史性成就、发生格局性变化，教育强国建设迈出坚实步伐。

教育始终是强国兴起的关键因素。在一个 14 亿多人口的发展中大国建设教育强国，没有现成道路可以因循，也不能照抄照搬别国经验，必然要跨越各种艰难险阻、急流险滩，《纲要》的编制工作必然面对不同以往的形势和任务。

党的二十大报告将教育、科技、人才一体统筹部署，赋予了教育新的战略地位、历史使命和发展格局。当前，新一轮科技革命和产业变革深入发展，知识创新加速推进，科学研究不断突破人类认知边界，以人工智能、量子技术、生物技术等为代表的技术创新进入前所未有的密集活跃期，从知识发现到商业化应用的过程加速迭代，给教育带来全新挑战和机遇。世界百年未有之大变局加速演进，科技革命与大国博弈相互交织，围绕高素质人才和科技制高点的国际竞争空前激烈，教育已成为中国式现代化的基础性、战略性支撑。历史上，全球先后形成的 5 个世界科学中心的转移历程，无不与相关国家兴办教育、办好教育、办一流教育密切相关，鲜明体现出教育、科技、人才对强国崛起和经济繁荣发展的基础性、战略性支撑作用。同时，我国经济社会发展呈现出新的特征，在推动新旧动能转换中对发展新质生产力的要求更加迫切，在社会结构深刻变化中对推动人口高质量发展的要求更加迫切，对教育资源配置的前瞻性、科学性、动态性提出了更高要求，教育在传承文明和知识创新中的根本途径作用、在基础研究中的主力军作用、在重大科技突破中的策源地作用得到了进一步凸显。

新机遇新挑战，充分认识国际形势复杂多变的新趋势、我国经济社会发展的新特征、制约教育高质量发展的新问题、教育高水平安全的新挑战，是准确把握教育面临环境的深刻变化、增强教育强国服务中国式现代化能力的前提。

当教育强国建设进入蓄势突破、全面跃升的关键阶段，把中国教育置于全球发展大背景下，既要坚定战略自信，又要看到时代差距、发展差距、竞争差距，在国际新格局中补短板、锻长板，加快建成具有全球影响力的重要教育中心。

要正确处理支撑国家战略和满足民生需求、知识学习和全面发展、培养人才和满足社会需要、规范有序和激发活力、扎根中国大地和借鉴国际经验的关系，需要全面构建固本铸魂的思想政治教育体系、公平优质的基础教育体系、自强卓越的高等教育体系、产教融合的职业教育体系、泛在可及的终身教育体系、创新牵引的科技支撑体系、素质精良的教师队伍体系、开放互鉴的国际合作体系。

到 2035 年建成教育强国，是党中央作出的重大决策部署，是习近平总书记念兹在兹、殷切期盼的“国之大者”。

习近平总书记在党的十九大报告中强调：“建设教

育强国是中华民族伟大复兴的基础工程，必须把教育事业放在优先位置，深化教育改革，加快教育现代化，办好人民满意的教育。”

在2018年全国教育大会上，习近平总书记强调，教育是国之大计、党之大计。这次全国教育大会上，总书记用“九个坚持”对党的十八大以来关于教育改革发展新理念新思想新观点进行了深刻总结，形成了系统的教育重要论述。

习近平总书记在党的二十大报告中明确指出，到2035年建成教育强国。党的二十大报告首次把教育科技人才统筹安排、一体部署，摆在突出位置，充分彰显了教育的基础性、先导性、全局性地位和作用。

“建设教育强国，是全面建成社会主义现代化强国的战略先导，是实现高水平科技自立自强的重要支撑，是促进全体人民共同富裕的有效途径，是以中国式现代化全面推进中华民族伟大复兴的基础工程。”习近平总书记在中央政治局第五次集体学习时的重要讲话，全面系统阐述了“建设什么样的教育强国、怎样建设教育强国”等重大理论和实践问题，吹响了教育强国建设动员号角。

党的二十届三中全会《决定》对统筹推进教育科技

人才体制机制一体改革作出战略部署，突出了教育、科技、人才作为中国式现代化基础性、战略性支撑的重大价值。

在2024年全国教育大会上，习近平总书记的重要讲话为教育强国建设指明了前进方向、提供了根本遵循，擘画了教育强国建设的全景图。

建设教育强国是中华民族伟大复兴的基础工程，是新时代中国教育的新使命。

此次印发的《纲要》，是在我国迈上全面建设社会主义现代化国家新征程、向第二个百年奋斗目标进军的关键时刻，党中央、国务院颁布实施的教育事业发展纲领性文件，是首个以教育强国为主题、以全面服务中国式现代化建设为重要任务的国家行动计划，是全面推进教育科技人才一体统筹发展、提升国家创新体系整体效能的顶层制度安排，对落实党的二十大重大部署，更好发挥教育强国建设在全面推进强国建设、民族复兴伟业中的先导任务、坚实基础、战略支撑作用，具有重大而深远的意义。

《纲要》是改革开放以来，我国继1985年、1993年、1999年、2010年、2019年之后第六次编制实施的国家教育中长期发展文件。新时代新征程，《纲要》被赋予了更多主动超前布局、有力应对变局、奋力开拓新局的使命和任务。

建成教育强国是近代以来中华民族梦寐以求的美好愿望，建设教育强国的观念一直扎根于中国共产党人理想信念的最深处。

乐章已谱就，序曲已奏响。在伟大梦想的感召下，在全面深化改革的推动下，在波澜壮阔的中国式现代化进程中，向着建成教育强国的目标，向着中华民族伟大复兴的中国梦，《纲要》起笔谋划，教育强国建设踏上新征程。

站在新的起点，以习近平同志为核心的党中央引领教育事业发展，汇聚起全党全社会建设教育强国的磅礴力量，为全面建设社会主义现代化国家、全面推进中华民族伟大复兴提供了有力支撑。教育强国建设势在必行，教育的地位作用前所未有，教育系统的使命责任前所未有，如期建成教育强国的信心底气前所未有。

（二）

瞄准强国之需，找准战略支点
——凝聚全国各战线合力谋划好国之大计、党之大计

《纲要》的出台，承载着将习近平总书记擘画的教育强国宏伟蓝图转化为建设教育强国的实景图、路线图、施工图的使命。这样一项庞大而复杂的系统性工程，必须精心设计谋划。

作为“作战图”，《纲要》应运而生。

党中央、国务院高度重视《纲要》编制，这为编制工作提供了坚强的政治保证。中央教育工作领导小组把建设教育强国作为总抓手，加强顶层设计、统筹协调、整体推进、督促落实。

《纲要》编制明确进入国家议程：2024 年全国两会，政府工作报告明确提出“制定实施教育强国建设规划纲要”。

教育部党组深入落实中央决策部署，连续两年把编制工作作为“一号工程”全力推进。

两年多时间，四个阶段环环相扣。

第一阶段，酝酿筹备。从 2022 年 10 月党的二十大胜利闭幕到 2023 年 5 月，其间，教育部成立《纲要》

编制工作领导小组、编制工作专班，广泛开展调研，部党组成员牵头14项课题调研，组织机关单位开展240多项课题调研；面向31个省（区、市）和新疆生产建设兵团党委教育工作领导小组开展书面调研；委托科研机构、高校开展专题研究，协调驻外使领馆教育处组开展各国教育动态调研。

《纲要》的酝酿，随着教育部党组的调研进程，一步步变“实”。

教育强国如何建设？教育部在长三角、京津冀、中西部、中部、东北、粤港澳、新疆召开7场教育强国战略咨询会，聚焦国家战略和区域发展战略，创新部省会商战略合作机制，与多个省份签署战略合作协议。

7场教育强国战略咨询会，充分汇聚来自各区域、各领域的智慧和力量，将教育强国的蓝图画得更细致、更精彩。这些会议也是一座座桥梁、一段段通道，为谋划教育强国建设凝聚了更广泛的共识。

北京，要主动引领和带动京津冀教育协同发展，发挥北京教育龙头作用；上海，要率先发展中国特色、世界一流的城市教育；粤港澳大湾区，要积极推进高等教育综合改革和两个“先行先试”，服务世界重要人才中心和创新高地建设；中西部，要继续把振兴中西部高等教育作为夯实中西部发展基础、积蓄中西部发展动能的战略抓手；中部，要紧密结合长江经济带建设和区域经济社会发展，为高质量发展提供重要人才支撑；东北，要充分发挥东北潜力优势底蕴，奋力开拓新局。

东西南北中，祖国不同区位的不同优势，将在教育强国这张宏伟版图上形成合力。

教育强国建设的关键问题有哪些？教育部成立教育强国建设战略咨询委员会全面设计谋划。

第一次全体会议就开诚布公，提出“希望咨询委员会着重研究事关全局，带有根本性、战略性和前瞻性的教育重大问题，着重研究制约和影响教育高质量发展的难点问题，畅所欲言、献计献策，切实发挥咨询和辅助决策作用”。

2023 年 6 月 30 日 23 时 30 分，第二次全体会议已持续近 5 个小时。深夜的灯光，激烈的讨论，翻涌的心潮，成为 30 位咨询委员会成员的共同记忆。来自基础教育、高等教育、职业教育、企业、学界的成员们，围绕党和国家中心工作，就教育强国建设建言献策、把脉开方。

《纲要》起草的过程，体现了新时代教育改革的鲜明特征：“跳出教育看教育”的不同视角、系统思维，正在深刻影响着教育改革。

社会各界、不同领域的智慧，将在教育强国这份答卷上同题共答。

第二阶段，初稿起草。2023 年下半年，前期调研与研讨的成果积淀总结、凝聚共识。总分架构，还是分条架构？怎么写更科学、更准确？十几种版本的《纲要》初稿相继生成。

《纲要》广泛征求有关部门、各民主党派中央、各省（区、市）和学校意见建议。

结合前期广泛征求意见，教育部汇总梳理出各地区各部门各方面提出的修改意见 1000 余条，经过认真研究，全面充分吸收，作出相应修改。

《纲要》的雏形越来越清晰。

这一阶段，教育部党组成员带队登门拜访了 11 个相关部委，听取意见、谋求更大合力。

国家对于教育事业的高度关注，在各部门的反馈中得到了显著体现——

中央组织部、中央编办、财政部分别就发挥协同作用、优化各级各类学校师生配比、保证国家财政性教育经费支出占比等提出意见建议。

中央宣传部、国家发展改革委、科技部、工业和信息化部等部门均针对《纲要》文本提出意见建议。

…………

当教育、科技、人才成为全面建设社会主义现代化国家的基础性、战略性支撑时,“教育”已绝非一家之事。举国之力发展教育，成为我国制度优势的生动体现。

随着共识的凝聚，改革发展的目标愈发清晰。此后,《纲要》进行了一次“大瘦身”，从2.7万字压缩到不足1万字。《纲要》紧紧围绕习近平同志《论教育》和习近平总书记关于教育的重要论述，将党和国家事业发展最需要、人民群众最期盼、教育改革最紧迫的重要事项纳入其中。

第三阶段，迭代升级。日历翻到2024年,《纲要》制定紧锣密鼓推进。

1月至4月，首个“百日会战”启动。教育部举全战线、全机关之力，组建团队，跳出思维定式，打破路径依赖，集中研究攻关战略性、支撑性、引领性政策举措，最终凝练出15个战略支点，形成一系列突破性政策举措。

比如，如何强化高等教育龙头作用，有力支撑高水平科技自立自强?

教育部召开工作推进会，成立专家组，组织了10

余场座谈会，邀请上百位教育界、科技界、产业界的专家学者，研究形成高等教育支撑高质量发展的系统解决方案。

经认真思考、反复论证，提出“高校基础研究和技术创新战略工程”战略支点，实施基础学科和交叉学科突破计划，组织高校围绕重大跨学科领域，从优势高校选择优秀人才，组建大团队开展集成攻关，尽快解决制约国家发展的燃眉之急、突破事关未来发展的重要瓶颈。

再如，如何进一步开拓教育数字化新赛道?

教育部召开重大战略支点项目研究谋划专题会，多次深入论证，提出“教育数字转型与智能升级”战略支点，并开展方案编制。坚持应用为王高水平建设集成化大平台，推进并引导人工智能在教育教学、教育评价、教学场景创建中的应用，完善师生数字素养评价体系，推动中国数字教育“出海”，全方位强化数字教育支撑保障等具体举措相继被提出，形成体系。

…………

15 个战略支点的形成，为《纲要》的完善提供了更加全面、科学、可靠的依据。

在此期间，教育部还就人口形势变化与教育高质量发展、立德树人与哲学社会科学智库建设、教育对外开放、长三角教育一体化高质量发展等问题召开会议，听取意见。专班封闭攻关，对意见建议逐条吸收论证，修改完善《纲要》文本。

首个“百日会战”后，5—6月，《纲要》再次征求部门意见并修改完善。

第四阶段，全面对标。2024年6月，第二个“百日会战”启动，将党中央进一步全面深化改革、推进中国式现代化的最新精神和决策部署落实到《纲要》中。

这一阶段的工作，是对《纲要》的系统完善。《纲要》全面对标对表党的二十大和二十届二中、三中全会精神，认真落实全国科技大会、国家科学技术奖励大会、两院院士大会和全国教育大会精神，第一时间作出进一步充实完善，《纲要》成为贯彻落实党中央最新部署要求的重要举措。9月9日，《纲要》提交全国教育大会与会同志书面征求意见。

近日，历时两年编制而成的《纲要》正式印发。文字的背后，是党和国家对于教育事业最深沉最热切的期待，是每一位教育工作者奔涌的心血和深刻的思考，是万千家庭对于教育获得感、幸福感的同一份共识。我们看到，在新时代中国教育的进程中，从此标记了一处新起点。

驰而不息，是教育事业发展的新常态。为了推动教育强国建设高起点高质量开局起步，教育部正抓紧研究启动加快建设教育强国三年行动计划，加强顶层设计，开展改革试点，强化监测评价，推动《纲要》重大部署落地落实。

（三）

锚定战略目标，推动系统跃升

——为强国建设、民族复兴伟业提供强大基础性、战略性支撑

擘画起笔，绘就蓝图；高瞻远瞩，勇毅前行。

总览《纲要》，9000 余字勾画出教育强国建设的波澜壮阔，擘画出教育系统坚毅笃行的宏大图景。

立框架，《纲要》是举旗定向的规划图。站在新的历史起点，《纲要》提出“两步走”目标：“第一步”面向开局起步阶段，重点是全方位打牢教育强国建设基础，到 2027 年，教育强国建设取得重要阶段性成效；“第二步”面向中长期，深化重大战略布局，确保如期建成教育强国，到 2035 年，教育现代化总体实现。

这些目标，坚决贯彻落实党的二十大和二十届二

中、三中全会精神，深入学习贯彻全国教育大会精神和习近平同志《论教育》和习近平总书记关于教育的重要论述，为建设教育强国明确了方向。

善弈者谋势，善谋者致远。

《纲要》共 11 部分，分别对应总体要求、“八大体系”、综合改革和组织实施。

《纲要》紧扣中央关心、群众关切、社会关注，坚持目标导向、问题导向和效果导向，紧紧围绕教育的“三大属性”，以“六大特质”为主要特征、以“八大体系”为基本结构、以正确处理“五个重大关系”为关键要求，将深化改革贯穿全文，突出教育科技人才一体统筹部署，推出一系列创新举措，推动从教育大国向教育强国的系统跃升。

《纲要》围绕“六大特质”“八大体系”，搭建起教育强国建设的“四梁八柱”，锚定中国式现代化宏伟目标，对标高质量发展新要求，服务培育发展新质生产力，着力推动“四个更加注重”：教育体系更加注重系统性、综合性集成，教育组织更加注重开放融合、多元多样，教育发展更加注重胸怀天下、自信自立，教育活动更加注重向灵活广阔的自主学习、终身学习延伸。

破障碍，《纲要》是攻坚克难的路线图。准确识变、科学应变、主动求变。打破思维惯性，突破体制机制障碍，在以中国式现代化全面推进中华民族伟大复兴中发挥教育之力。

《纲要》从宏观层面，把握战略方向和发展规律；从中观层面，建起“四梁八柱”、撑起目标体系；从微观层面，注重远近结合、解决突出问题，清晰把握教育强国建设面临的大而不强、发展不平衡、供需错位等重点难点堵点问题。

坚持龙头引领，培养国家所需战略力量。

关于发挥高等教育的龙头引领作用，《纲要》提出，分类推进高校改革发展，实施高等教育综合改革试点，建立分类管理、分类评价机制，引导高校在不同领域不同赛道发挥优势、办出特色。优化高等教育布局，加大高水平研究型大学建设力度，加快推进地方高校应用型转型。加快建设中国特色、世界一流的大学和优势学科，建立科技发展、国家战略需求牵引的学科设置调整机制和人才培养模式。完善拔尖创新人才发现和培养机制，着力加强创新能力培养，在战略急需和新兴领域，探索国家拔尖创新人才培养新模式。构建中国哲学社会科学自主知识体系，以党的创新理论引领哲学社会科学知识创新、理论创新、方法创新等。

观大势、谋全局、抓根本。集聚创新资源，壮大发展动能，面向未来蓄力。

坚持人民至上，解决人民群众急难愁盼。

老百姓关心什么、期盼什么，《纲要》就重点抓住什么，在急难愁盼中找准改革的发力点和突破口。

人口的规模和结构变化深刻影响教育供给。《纲要》提出健全与人口变化相适应的基础教育资源统筹调配机制，深入实施基础教育扩优提质工程，探索逐步扩大免费教育范围。建立基础教育各学段学龄人口变化监测预警制度，优化中小学和幼儿园布局……

惠民生、暖民心、顺民意。一系列改革举措，既是发展所需，更是民心所向。

坚持先立后破，全面深化教育综合改革。

《纲要》把教育综合改革摆在突出位置，坚决啃掉教育强国建设的“硬骨头”，以改革添动力增活力。

习近平总书记强调：“教育评价事关教育发展方向，事关教育强国成败。”深化教育综合改革，要抓住教育评价这个“牛鼻子”，《纲要》对有序推进中考改革、深化高考综合改革、推进信息技术赋能考试评价改革、深化高校人才评价改革等方面作出部署，引导树立科学评价观，坚决破除一切制约教育高质量发展的思想观念束缚和体制机制弊端。

此外，《纲要》还提出，完善人才培养与经济社会发展需要适配机制、提升依法治教和管理水平、健全教育战略性投入机制、构建教育科技人才一体统筹推进机制……通过统筹推进育人方式、办学模式、管理体制、保障机制改革，加快建设高质量教育体系，不断提高支撑引领中国式现代化能力水平。

严落实，《纲要》是求真务实的施工图。教育强国蓝图绘就，一丝不苟强落实才能将磅礴的“大写意”转化为精细的“工笔画”。

“一分部署，九分落实。”2025年全国教育工作会议明确，要突出抓好全年工作重点，推动教育强国建设高起点布局、高质量推进。《纲要》的印发，标志着教育强国建设进入全面落地、加速推进的新阶段。

围绕实干为先，做有理想、负责任的行动主义者，教育部把党中央谋定的强国目标、任务落到行动和实效上，紧盯2035年倒排工期、分期分批推动《纲要》部署落地落实，推动教育强国建设高起点布局、高质量推进。

各级党委和政府落实主体责任，坚持教育优先发展，把推进教育强国建设纳入重要议事日程，在组织领导、发展规划、资源保障、经费投入上加大力度。

各地紧密结合实际情况，研究出台切实可行、操作性强的细化举措、配套政策，明确各项任务实施主体和责任，科学制定任务书、时间表、优先序。

广泛宣传动员，学校、家庭、社会紧密合作、同向发力，全社会共同关心支持教育事业改革和发展，形成建设教育强国的强大合力。

…………

前景光明，中国教育在“由大到强”的道路上阔步前行。立足新时代教育发展，深刻把握教育的政治属性、人民属性、战略属性，我们比历史上任何时期都更有信心、更有能力、更有底气完成建成教育强国的重大历史使命。

号角吹响，击鼓催征。

锚定 2035 年建成教育强国的战略目标，我们要更加紧密地团结在以习近平同志为核心的党中央周围，为全面建成社会主义现代化强国、实现第二个百年奋斗目标，以中国式现代化全面推进中华民族伟大复兴而努力奋斗！

（本文刊发于《中国教育报》2025 年 1 月 22 日第 01 版）

《纲要》学习辅导百问

1. 如何深刻理解召开全国教育大会的重大意义？

2024年全国教育大会，是党中央对新时代新征程加快建设教育强国作出动员部署的一次重要会议。大会全面总结党的十八大以来教育事业取得的历史性成就、发生的格局性变化，深入分析教育改革发展面临的新形势，全面系统阐述为什么建设教育强国、建设什么样的教育强国、怎样建设教育强国等一系列重大理论和实践问题，在我国教育发展史上树立起一座新的里程碑。大会的召开，对于动员全党全社会加快建设教育强国，为以中国式现代化全面推进社会主义现代化强国建设、实现中华民族伟大复兴提供有力支撑，具有重大的现实意义和深远的历史意义。

第一，大会的召开充分彰显教育的战略地位和重要作用。教育是国之大计、党之大计。党的二十大首次对教育、科技、人才进行统筹安排、一体部署，单独列章阐述，明确到2035年建成教育强国、科技强国、人才强国，赋予教育前所未有的使命责任。党的二十届三中全会进一步提出，统筹推进教育科技人才体制机制一体改革，健全新型举国体制，提升国家创新体系整体效能。在这次大会上，习近平总书记旗帜鲜明地指出“教育是强国建设、民族复兴之基”，强调建成教育强国“是实现以中国式现代化全面推进强国建设、民族复兴伟业的先导任务、坚实基础、战略支撑”。这些重要论断，标志着教育在国家现代化战略全局中的地位和作用上升到前所未有的高度。当前，世界百年未有之大变局加速演进，新一轮科技革命和产业变革加速发展，围绕高素质人才和科技制高点的国际竞争空前激烈，我国人口形势、社会结构发生深刻变化，人民群众对教育公平、优质教育的期盼更加强烈，需要更加突出地从国家利益的大政治上看教育、从教育科技人才一体推进的大战略上办教育、从经济社会发展的大民生上抓教育，以教育强国建设支撑引领中国式现代化。

第二，大会的召开体现了党对教育的规律性认识达到新高度。党的十八大以来，习近平总书记站在党和国家事业发展全局的战略高度，紧紧围绕“培养什么人、怎样培养人、为谁培养人”这一教育的根本问题和教育强国建设的核心课题，提出一系列新理念新思想新观点。在这次大会上，习近平总书记提出了一系列关于教育强国建设的重要论述，赋予中国特色社会主义教育丰富的时代内涵、理论内涵、实践内涵。在立场上，继承马克思主义教育理论所强调的教育的阶级性、人民性、实践性，深刻阐释中国特色社会主义教育的先进本质、鲜明特色、独有优势。在观点上，紧扣中国教育发展面临的新问题、新形势，形成推进教育强国建设的新布局、新部署，体现理论继承与实践创新的高度统一。在方法上，充分运用辩证唯物主义的思想精髓，科学把握全局和局部、当前和长远、宏观和微观等的关系，为发展中国特色社会主义教育事业提供一整套思想体系、价值原则和实践要求。习近平总书记的重要讲话进一步丰富和发展了新时代中国特色社会主义教育理论，成为我国教育事业发展的重要思想源泉和强大精神动力。

第三，大会的召开庄严发出向建成教育强国宏伟目标迈进的动员令。习近平总书记的重要讲话，为教育强国建设提供了根本遵循和行动指南。从教育大国到教育强国是一个系统性跃升和质变，在一个 14 亿人口的发展中大国建设教育强国，没有现成道路可以因循，也不能照抄照搬别国经验，会遇到各种艰难险阻。大会的召开，清晰擘画了教育强国建设的宏伟蓝图，并向全世界昭示了我国建设教育强国的坚定决心和坚强意志，必将为教育改革发展提供坚强指引、注入强劲动力。

第四，大会的召开整合汇聚教育强国建设的强大合力。建设教育强国是全党全社会的共同任务，需要政府、学校、家庭、社会紧密合作，同向发力。现在距离2035年建成教育强国只剩十年的时间，任务艰巨、时不我待。大会的召开，有助于进一步明确教育强国建设的历史方位、把握好未来发展方向，有助于进一步理清教育强国建设思路、破解教育领域重大问题，有助于统一共识、鼓舞士气，激励教育战线广大师生投身教育强国建设，形成全党全社会共同关心支持教育强国建设的强大合力。

2. 如何全面把握习近平总书记在全国教育大会上重要讲话的核心要义？

习近平总书记在全国教育大会上的讲话，全面总结了新时代教育事业取得的历史性成就、发生的格局性变化，系统阐释了教育强国的科学内涵和基本路径，深刻阐述了教育强国建设要正确处理好的重大关系，系统部署了全面推进教育强国建设的战略任务和重大举措，为建设教育强国指明了前进方向、提供了根本遵循。深入学习领会习近平总书记在全国教育大会上重要讲话的核心要义，要把握以下五方面内容。

第一，牢牢把握教育的“三大属性”。中国特色社会主义教育具有鲜明的政治属性、人民属性、战略属性，这“三大属性”内涵丰富、相互联系、有机统一，需要贯通和体现到教育强国建设的各方面全过程。牢牢把握教育的政治属性，要更加突出地从国家利益的大政治上看教育，坚定不移培养社会主义建设者和接班人。牢牢把握教育的人民属性，要更加突出地从经济社会发展的大民生上抓教育，坚定不移促进教育改革发展成果更多更公平惠及最广大人民群众。牢牢把握教育的战略属性，要更加突出地从教育科技人才一体推进的大战略上办教育，坚定不移服务社会主义现代化强国建设。

第二，深刻理解教育强国的“六大特质”。习近平总书记旗帜鲜明地指出，“我们要建成的教育强国，是中国特色社会主义教育强国，应当具有强大的思政引领力、人才竞争力、科技支撑力、民生保障力、社会协同力、国际影响力”。这一科学论断，强调了教育强国的性质是“中国特色”“社会主义”的，对我国要“建成什么样的教育强国”作出了明确界定。“六大特质”是教育强国建设的本质性要求、标志性成效和根本性标尺，既体现为发展能力，也体现为工作力度，还体现为综合实力。聚焦思政引领力，需要始终把握正确政治方向、掌握意识形态工作领导权、有效塑造学生价值观。聚焦人才竞争力，需要把培养国家重大战略急需人才摆到更加突出的位置，努力形成拔尖创新人才的国际比较优势。聚焦科技支撑力，需要发挥高校基础研究的主力军和重大科技突破的策源地作用，推动实现高水平科技自立自强。聚焦民生保障力，需要及时有效回应人民群众对更加公平优质教育的需求、促进人的全面发展和全体人民共同富裕。聚焦社会协同力，需要调动中央和地方两个积极性，有效协调整合全社会资源，共同支持教育，汇聚强大合力。聚焦国际影响力，需要扩大国际教育交流和合作，提升中国教育的全球话语权、吸引力和在全球教育治理中的引领力、塑造力。

第三，全面构建支撑教育强国建设的“八大体系”。我国由教育大国向教育强国系统性跃升离不开高质量教育体系的支撑。要聚焦立德树人根本任务，锚定高质量发展要求，统筹政策配套、资源配置、机制创新，全面构建固本铸魂的思想政治教育体系、公平优质的基础教育体系、自强卓越的高等教育体系、产教融合的职业教育体系、泛在可及的终身教育体系、创新牵引的科技支撑体系、素质精良的教师队伍体系、开放互鉴的国际合作体系。“八大体系”是“三大属性”“六大特质”的集中体现，相辅相成、相互支撑，推动教育体系更加注重系统性、综合性集成，推动教育组织更加注重开放融合、多元多样，推动教育发展更加注重胸怀天下、自信自立，推动教育活动更加注重向灵活广阔的自主学习、终身学习延伸。

第四，正确处理教育强国建设中的“五个重大关系”。习近平总书记着眼于实现既定目标，明确提出教育强国建设需要处理好的重大关系，揭示出教育强国建设的科学规律。正确处理支撑国家战略和满足民生需求的关系，把教育强国的战略先导作用和根本价值追求有机统一起来，明确了教育强国建设的战略重点和最终目标。正确处理知识学习和全面发展的关系，是对教育教学规律和学生成长规律的深刻把握，为全面贯彻党的教育方针指明了方向。正确处理培养人才和满足社会需要的关系，体现的是教育服务现代化建设的必然要求，有利于增强人才培养的针对性、适配性和有效性。正确处理规范有序和激发活力的关系，是优化教育治理、深化教育综合改革等工作的重要遵循。正确处理扎根中国大地和借鉴国际经验的关系，是自信自立和胸怀天下的具体体现，也是建设教育强国的内在要求。

第五，重点推进“五项重大任务”落地见效。习近平总书记系统部署了全面推进教育强国建设的“五项重大任务”。要坚定不移落实好立德树人根本任务，坚持不懈用习近平新时代中国特色社会主义思想铸魂育人，实施新时代立德树人工程，加强“大思政课”建设，深入实施素质教育，促进学生全面成长成才。要强化教育对科技和人才的支撑作用，着力在统筹推进教育科技人才体制机制一体改革上取得实质进展，实施基础学科和交叉学科突破计划，加强拔尖人才培养，提高创新能力。要提升教育公共服务质量和水平，建立同人口变化相协调的基本公共教育服务供给机制，做好教育资源配置的前瞻布局，不断提升教育公共服务的普惠性、可及性、便捷性。要培养造就新时代高水平教师队伍，实施教育家精神铸魂强师行动，健全中国特色教师教育体系，统筹优化教师管理与资源配置，加大优秀教师选树表彰和宣传力度。要建设具有全球影响力的重要教育中心，深入推动教育对外开放，统筹“引进来”和“走出去”，系统重塑教育大外事工作格局，扩大国际学术交流和教育科研合作，积极参与全球教育治理。

3. 新时代我国教育事业改革发展取得了哪些历史性成就、发生了哪些格局性变化？

党的十八大以来，以习近平同志为核心的党中央坚持把教育作为国之大计、党之大计，作出深入实施科教兴国战略、加快教育现代化的重大决策，不断推进教育体制机制改革，推动新时代教育事业取得历史性成就、发生格局性变化。2023 年，全国共有各级各类学校 49.8 万所，各级各类学历教育在校生 2.9 亿人，专任教师 1891.8 万人，我国已建成世界规模最大且有质量的教育体系，教育现代化发展总体水平跨入世界中上国家行列，为教育强国建设打下坚实的基础。

第一，学生德智体美劳全面发展成效更加显著。丰富和完善党的教育方针，把劳动教育纳入社会主义建设者和接班人的要求之中，提出“德智体美劳”的总体要求，体育美育教学改革持续深化，“五育并举”理念深入人心，素质教育扎实推进。纵到底、横到边、全覆盖的学校党建工作格局基本形成。健全党的创新理论铸魂育人机制，学校思想政治课建设全面加强。教师队伍建设不断加强，为党育人、为国育才成为学校自觉行动，青少年学生听党话、跟党走的决心更加坚定。

第二，人民群众教育获得感更加充实。在教育普及方面，学前教育毛入园率由 2012 年的 64.5% 提升至 91.1%。基础教育毛入学率达到世界高收入国家平均水平。高等教育毛入学率由 2012 年的 30% 提高到 60.2%，进入普及化阶段。在教育公平方面，全国 2895

个县域完全实现义务教育基本均衡，人民群众“有学上”问题得到基本解决。2012年以来，学生资助覆盖全学段，累计达到14亿人次。农村义务教育学生营养改善计划惠及4.2亿人次。国家面向农村和原贫困地区实施重点高校专项招生计划，累计招生123万余人。实施农村订单定向医学生免费培养工作，为中西部乡镇卫生院输送5万多名毕业生，成为当地老百姓的健康“守门人”。

第三，教育支撑经济社会发展更加有力。新时代以来，高校向经济社会主战场输送了1亿多名毕业生，现代制造业、战略性新兴产业和现代服务业70%以上的一线新增从业人员来自职业院校。高校在科学研究方面取得重大标志性成果，获国家自然科学奖和技术发明奖数量超过7成、获科技进步奖数量近5成，特别是在量子科技、生命科学、物质科学和空间科学等领域，取得了一批重大的原创性成果，体现了作为国家基础研究主力军和重大科技突破策源地的重要作用。高校在哲学社会科学研究以及文化艺术持续发展方面也作出积极贡献，资政育人和艺术创作能力不断增强。

第四，教育综合改革更加深入。教育评价改革深入推进。通过“双减”推动基础教育生态发生深刻变革，义务教育阶段学科类培训机构数量大幅度下降，学生作业负担和校外培训负担下降；学校作为育人主阵地作用得到进一步巩固强化，教学质量明显提升。分类考试、综合评价、多元录取的考试招生模式基本形成，有力促进了学生成长、国家选才和社会公平。

第五，中国教育国际影响力更加彰显。我国已与超过 60 个国家和地区签署了学历学位互认协议，国家智慧教育公共服务平台已经面向 200 多个国家，为 1000 多万海外用户提供服务。截至 2024 年 12 月，国家智慧教育公共服务平台访问量超过 550 亿人次，成为世界上应用最活跃、受益群体最多的平台，国家教育数字化战略取得扎实成效。成功推动联合国教科文组织在华设立国际 STEM 教育研究所。中国地质大学（北京）和厦门大学分别牵头发起“深时数字地球”“海洋负排放”国际大科学计划。中国教育在国际舞台上展现出更加开放、更加自信的姿态，更加有实力参与国际科学发现和研究。

4. 如何理解教育强国建设的战略背景？

党的二十大明确提出，到 2035 年建成教育强国。这充分体现了以习近平同志为核心的党中央对现代化建设、创新规律和未来世界发展大势的深刻洞察。深刻领会党中央作出建设教育强国重大决策部署的战略意图，深刻把握教育作为社会主义现代化强国重要支撑和基础工程的特殊意义、特殊价值，需要立足当前中国式现代化和人口社会结构转型等新形势，认清教育内外部环境的深刻变化及其对教育带来的新挑战新要求。

一是国家战略利益和目标的新变化。现代化是全世界关注的话题，每个国家都想实现经济持续繁荣、实现现代化，但实践中，实现现代化具有很大的挑战性。从世界强国兴起更替历史来看，16世纪以来，全球先后形成意大利、英国、法国、德国和美国五个科学和人才中心。科学帮助人们发现和改造世界，科学和教育具有内在一致性，教育在现代化建设中至关重要。三次工业革命的进程也告诉我们，现代化建设中，科学发明需要有创造能力的人才，发明成果转化需要有技术转移人才、应用和管理类人才，教育越来越成为国家强盛的“密码”和最为宝贵的财富。

二是新一轮科技革命和产业变革的新要求。知识创新加速推进，从知识发现到商业化应用、发明转移加速迭代，带来新科学范式，对教育也带来新的影响。从学科专业看，产业结构调整倒逼学科专业结构调整，合理的学科设置、交叉融合才能适应新技术新产业新业态新模式。从人才培养模式看，需要跨学科和多学科交叉，推动人才培养与科研和产业紧密融合，以问题牵引，以项目驱动，在科技创新中培养人才，在人才培养中提升能力，成为重要的方式和经验。从科研范式看，科技革命带来重大理论突破，更带来新的科学范式，对整个科学发展产生新的影响。

三是世界政治格局的新调整。世界百年未有之大变局加速演进，围绕高素质人才和科技制高点的国际竞争空前激烈。战略布局上，世界各主要国家纷纷发布战略规划，在人工智能等领域储备人才，强力推动基础研究、颠覆性技术创新和产业创新。同时，把教育作为维持全球领先地位、战略博弈的要地。能否培养出大批高素质建设者是对教育的重大考验。教育要打破思维极限、破除路径依赖，实现系统性跃升和质变，成为强国的有力支撑。

四是我国人口社会结构面临的新形势。当前，我国人口发展呈现少子化、老龄化、区域人口增减分化的趋势。迫切需要抓紧建立各学段学龄人口变化监测预警制度，在基础教育、职业教育、高等教育分类发展中超前布局、优化资源配置、加强政策储备，保障平等受教育机会。通过发展教育释放人才红利，保持人力资源优势。

社会结构变化带来了受教育者变化，新时代中国青年拥有更充足的平视世界的底气、更高质量的发展条件、更丰富的知识储备和更开阔的视野格局，更看重丰富的精神需求和体验，需要更加关注和倾听学生心声，有效引领塑造学生价值观。

五是我国教育改革发展呈现阶段性的新特征。经过长期积累，特别是新时代以来的接续奋斗，我国教育事业站上新起点；但也面临拔尖创新人才培养存在短板、领军人才不足等问题，以及高质量发展和现代化产业体系建设对人才数量、专业结构提出新的更高要求，人民群众对教育公平和质量充满期盼、从“有学上”到“上好学”的愿望更加强烈等新情况。总体上，我国教育“量”的短板不是主要矛盾，“质”的差距和不足更加凸显，教育强国建设进入蓄势突破、全面跃升的关键阶段。推进教育改革发展，既要坚定信心、保持定力，又要正视差距、勇毅前行。

5. 如何理解建设教育强国的指导思想和工作原则?

为深入贯彻党的二十大关于加快建设教育强国的战略部署，深入落实习近平总书记关于教育强国建设重要讲话和有关指示批示精神，研究制定了《教育强国建设规划纲要（2024—2035年）》（以下简称《纲要》）。

《纲要》明确了教育强国建设的指导思想是：坚持以习近平新时代中国特色社会主义思想为指导，深入贯彻党的二十大和二十届二中、三中全会精神，全面贯彻习近平总书记关于教育的重要论述，深刻领悟“两个确立”的决定性意义，坚决做到“两个维护”，坚持教育优先发展，全面贯彻党的教育方针，坚定不移走中国特色社会主义教育发展道路，坚持社会主义办学方向，全面把握教育的政治属性、人民属性、战略属性，落实立德树人根本任务，为党育人、为国育才，全面服务中国式现代化建设，扎根中国大地办教育，加快建设高质量教育体系，培养德智体美劳全面发展的社会主义建设者和接班人，加快建设具有强大思政引领力、人才竞争力、科技支撑力、民生保障力、社会协同力、国际影响力的中国特色社会主义教育强国，为建设社会主义现代化强国、全面推进中华民族伟大复兴提供有力支撑。

《纲要》提出，“工作中要做到：坚持党对教育事业的全面领导，突出促进公平、提高质量，强化战略引领、支撑发展，深化改革创新、协同融合，坚持自主自信、胸怀天下”，明确了教育强国建设必须坚持的工作原则。

一是必须坚持党对教育事业的全面领导。聚焦“培养什么人、怎样培养人、为谁培养人”核心课题，培养德智体美劳全面发展的社会主义建设者和接班人，培养担当民族复兴大任的时代新人，确保党的事业和社会主义现代化强国建设后继有人。

二是必须突出促进公平、提高质量。坚持以人民为中心发展教育，深入实施素质教育，促进教育公平，提升教育质量，争创一流、追求卓越，加强教师队伍建设，办好人民满意的教育。

三是必须强化战略引领、支撑发展。坚持教育优先发展，发挥教育战略先导作用，提高人才自主培养质量，打造国家战略科技力量，强化供需适配，支撑高水平科技自立自强，培育发展新质生产力的新动能，服务社会经济高质量发展。

四是必须深化改革创新、协同融合。坚持系统观念，遵循教育规律，以教育评价改革为牵引，以教育数字化为突破口，深化教育科技人才综合改革，推进职普融通、产教融合、科教融汇，不断开辟新领域新赛道。

五是必须坚持自主自信、胸怀天下。坚定教育自信，扎根中国大地办教育，传承弘扬中华优秀传统文化，铸牢中华民族共同体意识。统筹做好高质量、高标准“引进来”和多样化、可持续“走出去”，加强中外人文交流，推动构建人类命运共同体。

6.《纲要》提出了哪些教育强国建设主要目标?

《纲要》充分考虑我国教育事业发展的成就基础，突出中国特色和满足中国式现代化实际需要，对标社会主义现代化强国建设目标愿景，采取远近结合的表述方式，设定了教育强国的主要目标，既有中长期发展目标，也有近期发展目标。按2027年、2035年“两步走”分步设定，既体现总体目标与阶段目标有机衔接，又考虑教育规律和发展特点相互结合，确保教育强国建设稳步有序推进。

“第一步”是到2027年，抓好开局起步、立柱架梁，实施三年行动计划，推动教育强国建设取得重要阶段性成效。主要目标是：各级教育普及水平持续巩固提升，高质量教育体系初步形成，人民群众教育获得感明显提升，人才自主培养质量全面提高，拔尖创新人才不断涌现，关键领域改革取得实质性进展，教育布局结构与经济社会和人口高质量发展需求更加契合，具有全球影响力的重要教育中心建设迈上新台阶。该阶段目标的设定，充分结合教育强国建设的重点和难点，持续在教育普及、公平、质量、改革、开放等方面发力，推动重点领域和关键环节取得实质性突破。

“第二步”是面向中长期，锚定党的二十大擘画建成教育强国的宏伟蓝图，深化重大战略布局，确保到2035年建成教育强国目标如期实现。主要目标是：党对教育事业全面领导的制度体系和工作机制系统完备，高质量教育体系全面建成，基础教育普及水平和质量稳居世界前列，学习型社会全面形成，人民群众教育满意度显著跃升，教育服务国家战略能力显著跃升，教育现代化总体实现。这些目标既有具体的指标数据，可衡量、可评价，也突出内涵发展要求；既前瞻应对人口峰谷变化、统筹教育服务供给，又为中国式现代化提供有力支撑。

7. 建设教育强国的核心课题是什么？

习近平总书记指出，“培养什么人、怎样培养人、为谁培养人是教育的根本问题，也是建设教育强国的核心课题”。《纲要》提出，“塑造立德树人新格局，培养担当民族复兴大任的时代新人”，对回答好教育强国建设核心课题提出了明确要求。

第一，“培养什么人、怎样培养人、为谁培养人”事关党的事业后继有人这一根本大计。习近平总书记指出，党和人民事业发展需要一代代中国共产党人接续奋斗，必须抓好后继有人这个根本大计。我们党立志于中华民族千秋伟业，必须培养一代又一代拥护中国共产党领导和我国社会主义制度、立志为中国特色社会主义事业奋斗终身的有用人才，培养社会发展、知识积累、文化传承、国家存续、制度运行所要求的人。古今中外，每个国家都是按照自己的政治要求培养人的，我国的社会主义教育就是要培养社会主义建设者和接班人。将“培养什么人、怎样培养人、为谁培养人”作为建设教育强国的核心课题，全面彰显了党的教育方针的一脉相承和与时俱进，彰显了中国特色社会主义教育的政治立场和办学方向。

第二，“培养什么人、怎样培养人、为谁培养人”事关以中国式现代化全面推进强国建设、民族复兴伟业。习近平总书记指出，“建设教育强国，是全面建成社会主义现代化强国的战略先导，是实现高水平科技自立自强的重要支撑，是促进全体人民共同富裕的有效途径，是以中国式现代化全面推进中华民族伟大复兴的基础工程”。中国式现代化归根结底是人的现代化，人才引领驱动也是中国式现代化的力量之源。教育是培养人的事业，教育的能力和发展水平在很大程度上决定着中国的现代化程度和中华民族的文明程度。能否回答好“培养什么人、怎样培养人、为谁培养人”这一建设教育强国的核心课题，直接决定我们培养的人能否适应新时代中国特色社会主义事业发展需要，能否肩负起强国建设、民族复兴的时代重任。

第三，“培养什么人、怎样培养人、为谁培养人”事关办好人民满意的教育。习近平总书记强调，“要努力构建德智体美劳全面培养的教育体系，形成更高水平的人才培养体系”。教育是提高人民综合素质、促进人的全面发展的重要途径。新时代新征程，办好人民满意的教育，就是要紧紧围绕“培养什么人、怎样培养人、为谁培养人”这一建设教育强国的核心课题，以凝聚人心、完善人格、开发人力、培育人才、造福人民为目标，努力满足学生全面发展的需要，让不同禀赋、不同发展兴趣的学生能够有效学习、多样化成才，让每个学生都有人生出彩的机会，让教育改革发展成果更多更公平地惠及全体人民。

8. 实施新时代立德树人工程的主要思路是什么？

党的十八大以来，以习近平同志为核心的党中央高度重视学校思想政治工作。习近平总书记在全国教育大会、全国高校思想政治工作会议、学校思想政治理论课教师座谈会上发表重要讲话，并作出一系列重要指示批示。习近平总书记强调，“要坚持不懈用新时代中国特色社会主义思想铸魂育人，实施新时代立德树人工程”，为学校思想政治工作指明了前进方向、提供了根本遵循。《纲要》提出，“加强和改进新时代学校思想政治教育”，“实施新时代立德树人工程”。

实施新时代立德树人工程，要以习近平新时代中国特色社会主义思想为指导，深入学习贯彻习近平总书记关于教育的重要论述，以《纲要》部署为主攻方向，深刻把握教育的政治属性、人民属性、战略属性，聚焦教育强国的“六大特质”，系统升级时代新人铸魂工程，更加注重德智体美劳五育并举、大中小一体、部省校协同、校家社联动，一体强化理论武装、课程教材、文化涵育、实践育人、网络育人、队伍支撑、资源保障、力量集成等方面，着力构建新时代学校思想政治工作体系，支撑形成强大思政引领力。

一是锻造好落实立德树人根本任务的关键课程。坚持思政课建设与党的创新理论武装同步推进，高质量讲好“习近平新时代中国特色社会主义思想概论”课程。推动大中小学思政课一体化改革创新。不断增强思政课的针对性和吸引力，聚焦学生关心的共性问题，加强解疑释惑，充分展现党的创新理论直抵人心的力量。

二是运用好实践育人大课堂。以近年来围绕学思践悟党的创新理论、一刻不停开展宣传教育为基础，加强体系化设计、规范化管理、专业化实施。深化爱国主义、集体主义、社会主义教育，推动新时代伟大变革成功案例和红色资源全面融入思想政治教育，大力弘扬以伟大建党精神为源头的中国共产党人精神谱系。常态化组织师生一同走进社会大课堂，在感悟新时代伟大成就中深刻领悟“两个确立”的决定性意义，了解国家战略需求，锚定人生发展方向。

三是发挥好校园文化浸润作用。充分发挥新时代校园文化日用而不觉的育人价值，深化开学毕业典礼育人实效。用好中华优秀传统文化、革命文化和社会主义先进文化，深入挖掘各类历史展览馆、革命纪念馆、特色博物馆、新时代城市规划馆蕴含的育人“富矿”。推动优质文化充盈网络育人空间，培育学生理性平和、积极阳光的心态。

四是建设好一线思政工作队伍。优化完善大中小学思政课教师评价机制，加大思政课教师研修培训力度，帮助提升教学素养，建设一支政治强、情怀深、思维新、视野广、自律严、人格正的思政课教师队伍。以贯彻落实《全面加强新时代高校辅导员队伍建设行动方案》为牵引，实施辅导员配备选聘增效、培养培训赋能、发展晋升畅通、激励保障提质四大行动，打造一支政治坚定、数量充足、素质过硬的高校辅导员队伍。推动领导干部、专任教师、管理服务队伍不断提升育人能力，做到同向发力、同题共答。

五是实施好立德树人机制综合改革。在推广上海等地“三全育人”综合改革经验基础上，遴选建设试点区、校、院系等，推动各试点单位充分发挥主动性、创造性，率先突破、示范引领，加快形成可复制、可推广的先进经验，辐射带动全国高质量落实各项政策举措。形成一批基于目标导向和质量导向的关键指标，坚持正面引导与负面约束同频发力，以评价结果牵引资源配置、力量安排，推动各地各校把牢育人方向、打造育人品牌、集聚育人资源、建强育人队伍。

9. 加快构建以习近平新时代中国特色社会主义思想为核心内容的课程教材体系有哪些重点举措?

习近平新时代中国特色社会主义思想是马克思主义中国化时代化的最新成果，是引领当代青年成长成才的强大思想武器和科学行动指南。加快构建以习近平新时代中国特色社会主义思想为核心内容的课程教材体系，是用新时代党的创新理论铸魂育人的关键任务，是加快建设教育强国、构建强大思政引领力的重要举措。党的十八大以来，以习近平同志为核心的党中央始终把学校思政课建设放在教育工作的重要位置，明确思政课关键课程定位，同步推进思政课建设与党的创新理论武装。高校全面开设“习近平新时代中国特色社会主义思想概论”课，全面修订义务教育、普通高中、中等职业学校道德与法治（思想政治）、语文、历史课程标准，全面投入使用中小学《习近平新时代中国特色社会主义思想学生读本》和中小学三科统编教材，创新推进新时代马克思主义理论研究和建设工程重点教材建设。《纲要》提出，“加快构建以习近平新时代中国特色社会主义思想为核心内容的课程教材体系”，明确了工作目标，提出了任务要求。

一是开好讲好“习近平新时代中国特色社会主义思

想概论”课。推动教材、教改、教师、学科、实践一体联动，修订好使用好统编教材，编好用好参考讲义、配套课件和实践案例集，持续编写推广通俗读物《大学生思想热点面对面》。围绕新时代伟大变革，开发教学资源，深化教学改革，充分发挥“统编教材 + 配套课件 + 参考讲义 + 教学案例 + 通俗读物 + 教学活页 + 集体备课 + 实践研修 + 教学展示 + 研究阐释”的合力作用，有效实现教材体系向教学体系转化。

二是系统完善中小学思政课课程教材。落实习近平总书记“青年一代有理想、有本领、有担当”等一系列重要指示，一体化设计各阶段育人目标，加强大中小学思政课课程教材建设工作。修订中小学思政课课程标准和教材，建立中小学思政课教材配套资源库，开发习近平新时代中国特色社会主义思想学习素材。

三是整体优化高校思政课课程方案。强化理论与实践、历史与现实、传承与创新、重点与整体有机统一，认真总结改革开放以来特别是党的十八大以来高校思政课建设的成效经验，紧紧围绕推动习近平新时代中国特色社会主义思想“入脑入心”这一核心任务，统筹考虑一体化学段衔接，推出新时代高校思政课课程方案，充分体现党的创新理论最新成果，提高思政课的针对性和吸引力。

四是打造一批“大思政课”品牌。强化学段贯通、部内联动、部际协同，持续推进大学习领航计划、“习近平总书记与大学生在一起”等实践育人活动，打造高水平的“云上大思政课”“场馆里的思政课”“行走的思政课”，办好“青年红色筑梦之旅”“技能成才强国有我”“开学第一课”等深度覆盖各学段学生的大思政课。与多部委合作共建一批实践基地，建好用好“大思政课”数字地图，持续推动高校和基地深入开展“结对行动”，创新形成合力铸魂育人、优质资源供给的长效机制。

10. 如何推进大中小学思政课一体化改革创新？

习近平总书记提出，“要把统筹推进大中小学思政课一体化建设作为一项重要工程”。党的二十届三中全会《决定》以及《纲要》均提出，“推进大中小学思政课一体化改革创新”。落实这一任务要求，必须充分调动各方力量、各种资源、各类主体，实现更高质量的全员全程全方位育人。

一是建立健全一体化领导体制。强化对改革的统一领导和顶层设计，坚持“党委统一领导、党政齐抓共管、部门各负其责”，从体制机制方面做好统筹协调发展的制度性规划与设计。指导各地教育部门成立一体化相关组织机构，形成部省联动工作体系。做好阶段性发展规划，确定建设目标、合作内容、主要举措等。指导各部门各单位加强协调互通，联合开发教学资源，共同开展实践教学，打造一批工作品牌，畅通资源共享机制，形成协同联动格局。

二是推进课程教材一体化建设。修订中小学思政课课程标准。强化政治认同、法治观念等核心素养培育。编好修好用好大中小学思政课统编教材，充分体现思政课的育人本质，将课程标准和重大主题进课程教材指南、指导纲要的要求落实落细，在各学段有机衔接，按照循序渐进、螺旋上升的原则，一体化设计教材和教学内容。结合习近平总书记最新重要讲话精神、重大时事热点等，及时组织编发参考资料，针对学生思想困惑，征集推广微视频、微故事等教学资源，编写通俗读本读物。

三是强化教师队伍一体化建设。落实大中小学思政课教师配备标准，配齐建强各学段思政课教师队伍。支持符合条件的专业课教师转任或兼任思政课教师。广泛聘请党政领导、科学家、老同志、先进模范等担任思政课兼职教师。健全国家、地方、学校各级培训体系，强化思政课教师的系统培养，建立大中小学思政课教师集体备课机制，全面提高思政课教师的专业素养。推动教师定期开展学情调查，全面了解和及时把握学生思想动态，积极探索案例式、议题式、沉浸式、体验式等教育教学方法。

四是推动思政课评价一体化建设。明确大中小学思政课一体化建设的评价导向，深入推进思政课评价一体化，进一步加强基础教育阶段课程、教材、教学、中高考命题的紧密衔接。紧扣立德树人成效，改革对学校、教师、学生的评价体系，引导各学段学校和教师重视学生政治认同培育、理想信念熔铸、道德品质提升和健康心理养成。将一体化建设情况作为评价区域教育质量、学校办学质量、学生发展质量的重要内容。

11. 如何推进高校课程思政建设？

习近平总书记指出，“各门课都要守好一段渠、种好责任田，使各类课程与思想政治理论课同向同行，形成协同效应”，“要挖掘其他课程和教学方式中蕴含的思想政治教育资源，实现全员全程全方位育人”。2020年教育部印发《高等学校课程思政建设指导纲要》，引导高校将思政教育与专业教育相结合，将价值塑造、知识传授和能力培养相结合。对此，各地各高校大力推动实施，文理工农医各学科专业分类开展，教师课程思政意识和能力不断增强，课程思政理念得到广泛认可，“如盐化水”育人效果逐步显现。《纲要》提出“把学校思想政治教育贯穿各学科体系、教学体系、教材体系、管理体系”，重点推进以下工作。

一是深入推进习近平新时代中国特色社会主义思想有机融入专业教育。以习近平新时代中国特色社会主义思想为核心内容，完善本科专业类课程思政教学指南，明确专业类、专业、课程不同层面课程思政教学重点。常态化开展中国法治实务、中国新闻传播、中国经济、中国艺术系列大讲堂，以学习贯彻习近平新时代中国特色社会主义思想为主题主线，注重运用新时代伟大变革生动案例，将中国实践转化为高质量的课程思政中国金课。

二是建设一批主题鲜明、特色突出、针对性和实效性强的课程思政教学研究和实践项目。紧紧围绕立德树人根本任务，坚持不懈地用习近平新时代中国特色社会主义思想铸魂育人，推进党的创新理论有机融入专业教育，推进中华优秀传统文化、革命文化和社会主义先进文化有机融入教学内容，支持高校建设一批课程思政教学研究和实践项目。抓住教学研究这个重要手段，聚焦专业、课程、课堂、实践、教学资源、评价激励等不同要素和环节，引导教师结合本地本校实际，深挖本专业领域的思想政治教育资源，润物无声地融入专业教育，不断提升课程思政育人效果。

三是开展课程思政教师教学能力培训。抓住教师这个关键力量，围绕文理工农医等不同学科专业的育人要求和公共课、专业课、实践课等课程的教学特点，开展典型经验交流、现场教学观摩、教师教学培训等活动，推动教师运用大数据、虚拟仿真、人工智能等现代信息技术创新课程思政的教法、学法，引导教师探索实践育人新模式，提高教师教书育人能力。

12. 如何加强铸牢中华民族共同体意识教育？

习近平总书记指出，“铸牢中华民族共同体意识是全党全国各族人民的共同任务”，“铸牢中华民族共同体意识，就是要引导各族人民牢固树立休戚与共、荣辱与共、生死与共、命运与共的共同体理念”，“把中华民族共同体意识从小就植入孩子们的心灵”，“不断推进中华民族共同体建设”。近年来，教育部等部门印发指导意见，组织编写了《中华民族一家亲》《中华民族大家庭》《中华民族大团结》等大中小学系列专题教材读本。各地各校结合实际，将铸牢中华民族共同体意识融入教育教学实践，通过举办教学展示活动、组织主题宣传月、开展示范校示范班创建等带动提升铸牢中华民族共同体意识教育水平。《纲要》提出，“加强铸牢中华民族共同体意识教育”。下一步，要重点做好以下工作。

一是巩固课堂主阵地。坚定推行国家通用语言文字教育教学，全面推行使用国家统编教材，巩固提升教育教学质量。推动铸牢中华民族共同体意识教育融入思政课程和课程思政，加大配套教学资源开发力度，讲好用好统编专题教材。以“内容全、用得上、作用大”为目标，建好用好铸牢中华民族共同体意识教育数字资源库，推动优质教育资源共建共享，以教育数字化全面赋能铸牢中华民族共同体意识教育。

二是建强育人主力军。抓好专题教育授课教师示范培训，编写培训大纲，丰富教师知识储备，增强育人意识，提升育人能力。分级分类开展教师全员培训，支持开展跨学科跨学段跨学校专题教研活动。邀请英雄模范、时代楷模、民族团结进步模范等先进人物走进课堂，以故事讲述、交流互动等多种方式引导广大师生向英雄学习、向模范致敬，多措并举打造高水平师资队伍。

三是用好社会大课堂。依托各类育人基地和教育对口支援机制，组织开展各族学生跨区域研学实践，实施各族青少年交流计划，将铸牢中华民族共同体意识教育元素有机融入各类形式鲜活的活动载体和平台。推动各族青少年学生结对子、交朋友，在场景式、沉浸式、交互式实践活动中树立休戚与共、荣辱与共、生死与共、命运与共的共同体理念。

四是优化育人全环境。将中华优秀传统文化、革命文化、社会主义先进文化融入校园文化建设，树立和突出各民族共有共享的中华文化符号和中华民族形象，培育和践行社会主义核心价值观。依托重大历史事件、节庆日等时间节点，创新开展宣传教育。建立以学校为主导、家庭为基础、社会为支撑的协同育人格局，广泛凝聚育人合力。

五是深化科研强支撑。推动高校及科研院所开展学校铸牢中华民族共同体意识教育理论和实践问题研究，鼓励多学科共同参与，深入研究铸牢中华民族共同体意识教育规律，提高铸牢中华民族共同体意识教育的科学性、针对性和有效性。

13. 开展教育系统党员教育基本培训的主要考虑是什么？

党的二十届三中全会《决定》提出，“健全常态化培训特别是基本培训机制”，为开展教育系统党员教育基本培训提供了依据和方向。教育系统党员教育基本培训，是全体师生党员必须完成的学习培训任务，以深入学习贯彻习近平新时代中国特色社会主义思想为主题主线，以党的理论教育和党性教育为重点，以集中学习为主要形式，以建强师资队伍、培育优质课程、加强管理考核为依托，着力实现师生党员全覆盖培训，提升教育系统党员教育培训质量，以实际成效推动教育系统党的建设，为加快推进教育强国建设提供坚强保证。《纲要》再次提出，要“开展教育系统党员教育基本培训”。做好这项工作，主要有三点考虑。

一是强化党的创新理论武装，着力做到党员应训尽训。当前，教育系统在干部和入党积极分子教育培训方面做得相对较多，但普通党员接受党校系统教育培训不足。同时，党的理论创新成果随着实践发展持续丰富，不断有新思想新观点新论断提出，广大党员对高质量培训的需求不断增强。教育系统党员特别是高校党员基本培训要强化统筹性、计划性，确保全员培训、应训尽训，让优质师资和课程资源直达基层，更好地推动习近平新时代中国特色社会主义思想在学校落地生根、开花结果。

二是大力加强党员队伍建设，充分激发基层党组织活力。大中小学是党员队伍建设的重要阵地。基本培训要将党员教育培训覆盖到教育系统全体党员特别是高校全体党员，与增强各级党组织政治功能和组织功能深度融合，与基层党支部“三会一课”紧密结合，推动教育系统党员学习掌握习近平新时代中国特色社会主义思想的世界观方法论，运用贯穿其中的立场观点方法分析问题、观察世界，加强党性修养，践行党的宗旨，坚定拥护“两个确立”，坚决做到“两个维护”。

三是持续健全党员培训工作机制，有效压紧压实各级党组织责任。开展基本培训要明确培训对象、内容、方式、学时、周期等关键要素，推动形成多要素融合、多环节贯通、多主体协同的培训新格局。要坚持把习近平新时代中国特色社会主义思想作为中心内容，构建学思用贯通、知信行统一的常态化党员教育培训模式，建立学校党组织统一指挥、学校党校（党委组织部）牵头抓总、相关职能部门协同配合、各二级党组织有效组织、基层党支部具体落实的工作体系，为基本培训顺利开展提供坚强保障，推动《中国共产党党员教育管理工作条例》提出的党员集中学习培训各项要求在教育系统落实落地。

教育系统以开展党员基本培训为牵引，进一步找准教育工作和党的中心任务的结合点、切入点、着力点，使广大师生党员在思想、能力、行动上跟上党中央要求，跟上时代前进步伐，跟上教育强国建设事业的需要。

14. 加强党的创新理论体系化学理化研究阐释和成果应用，有哪些主要举措？

习近平总书记指出，“推进理论的体系化学理化，是理论创新的内在要求和重要途径”。新时代新征程，要坚持守正创新，聚焦学习宣传贯彻习近平新时代中国特色社会主义思想，着力深化体系化学理化研究阐释，着力增强学习宣传的针对性、实效性，推动党的创新理论更加深入人心。《纲要》提出，“加强党的创新理论体系化学理化研究阐释和成果应用”，明确了工作目标，提出了任务要求。

一是持续推进习近平新时代中国特色社会主义思想研究重大专项。持续建强教育系统习近平新时代中国特色社会主义思想研究中心（院）、全国重点马克思主义学院。汇聚全国高校学科和人才资源组建跨校、跨学科联合团队，加强整体性学理化研究，分领域深化习近平经济思想、法治思想、文化思想、生态文明思想、强军思想、外交思想以及习近平总书记关于教育的重要论述等研究，深入推动习近平新时代中国特色社会主义思想研究的体系建构，产出一系列标志性成果。

二是聚焦中国式现代化重要问题开展联合研究。实施重大攻关项目、搭建联合研究平台，深入挖掘凝练新时代伟大实践蕴含的深刻道理、深厚学理和深邃哲理。注重把在党的创新理论指引下新时代中国特色社会主义取得的举世瞩目的发展成就具体化、案例化。围绕社会主义现代化强国建设的时代课题，加强大数据、人工智能等新技术方法手段运用，提炼、产出更多扎根中国大地、引领时代进步的新理论、新范式。加强理论与实践课题互动，设立一批区域和学校实践教育研究基地。建立跨学科、跨领域的高校智库。持续加强高校思想政治工作研究文库等项目建设。

三是加快推进研究成果向教学成果转化应用。坚持政治性和学理性的统一，将党的创新理论学理化研究最新成果有效融入思政课统编教材、配套课件和参考讲义，办好“周末理论大讲堂”，建强全国高校思政课“手拉手”集体备课中心。推进习近平经济思想、法治思想、文化思想、生态文明思想、外交思想研究成果及时转化为教学资源，有序进入相关专业课程教学。以习近平强军思想为指导，加强学生国防教育。

15. 如何拓展实践育人和网络育人的空间和阵地？

习近平总书记指出，“善于运用一切场合、一切载体、一切方式来做思想政治工作，并能带动所有教职员工和学生共同来做思想政治工作”，“提高网络育人能力，扎实做好互联网时代的学校思想政治工作和意识形态工作”。提升思想政治教育针对性实效性，既要因势利导占领网络阵地，善用网络生态的多样性引领学生成长的多种可能性；又要引导学生回归现实，在广阔天地中锤炼过硬本领，不断增强对人民的感情、对社会的责任、对国家的忠诚。《纲要》提出，“拓展实践育人和网络育人的空间和阵地。统筹推进价值引领、实践体验、环境营造，探索课上课下协同、校内校外一体、线上线下融合的育人机制”，需要在完善体制机制、强化协同联动、提升育人实效上下功夫。

第一，探索构建实践育人新范式。制定社会实践实施办法，通过课内外一体设计、有组织的教师指导、示范性的协同共建，用好用活社会大课堂，持续实施“小我融入大我”等实践活动，引导学生在亲身实践中读懂中国、认识世界。一是统筹课内外一体，推动社会实践、志愿服务、实习实训等思政教育内容进入学校整体课程设计，完善教学要求、明确学时学分，结合不同学段特点，探索设计各类标准化、符合教学规律的思政教育活动，作为课程设计支撑教育教学，强化融入性。二是加强教师指导，通过落实学分认定、纳入教师工作量等方式，引导学校领导干部、专业课教师、思政课教师、辅导员、班主任等担任学生社会实践指导教师，加强各类教师对不同学科、不同学段、不同特点学生的分类分层指导，推动形成师生同学、同研、同讲、同行的生动局面。三是强化校企社协同，支持学校与有关部队、企业、社区、乡村等单位结对共建，集成校地、校企、校校育人合力，以共同体形式推出一系列联合育人行动。推进家校社协同育人“教联体”建设，加强馆校协作，共同开发育人课程和资源，在现实情境中增强中小学生实践感悟和体验。持续加强红色文化弘扬基地、全国高校综合性教育实践体验基地、全国中小学生研学实践教育基地营地等育人平台基地建设，健全日常运行维护、活动承接开展、育人实效管理等常态化运行机制，更好发挥各类实践育人平台基地辐射引领作用。

第二，探索构建网络育人新生态。制定高校网络育人指导意见，通过推进理念、方法、手段、机制创新，持续在充分整合资源、丰富思政内容、提升教育功能上下功夫。一是提升把握学生特点的能力，深入研究网络生态与青年学生思想状态的关系，在把握好学生关注、认可、认同的网络思维特点的基础上，找到学生兴趣的兴奋点、思想的转化点，找准思政教育和网络传播的契合点。指导各地各校通过课堂教学、专题教育等形式，集中开展学生网络素养教育，教育引导大学生依法、安全、理性、文明上网用网，培养中小学生上网技能、安全防护、信息甄别等网络能力。二是提升对接学生需求的能力，大力推动党的创新理论传播、主流价值引导与学生的思想困惑、情绪困扰、现实需求精准对接。紧紧围绕学生的重大关切和急难愁盼，打造集主题宣传、师生作品、育人阵地于一体的特色品牌体系，注重向社会、向历史、向日常生活、向中华优秀传统文化挖掘资源，不断提升网络产品的价值性与可读性、逻辑性与情感性、引导性与互动性、历史性与时代性。三是提升平台迭代赋能的能力，创新网络传播手段与方法，探索运用互动直播、视频短剧等新形式和虚拟现实、算法推荐等新技术，提升网络育人实效。充分利用大数据手段，建好用好各类网络平台，重视和关注学生在网络上的意见和声音，充分耦合网上宣传教育和网下思政教育，及时回应学生关切。四是提升队伍网络育人的能力，加快培育一批政治上可靠、思想上坚定、技术上过硬、受学生欢迎的高校网络思政骨干，多维提升高校思政工作队伍知网、上网、用网、办网、管网、兴网的意识和能力，加大力度支持鼓励广大师生创作优秀网络文化作品。五是提升各方协同联动的能力，推动建设全国高校网络育人共同体，打造头部高校思政类融媒平台、网络平台、数字平台、智慧平台，推动高校思政网、大学生在线、易班网、各级高校网络思政中心和高校公众号集群等形成网络育人矩阵，完善网络文化成果评价认证体系。会同网信等部门清理影响青少年健康成长的网络不良信息、有害内容等，净化网络环境，促进青少年学生身心健康发展。

16. 如何加快补齐体育、美育、劳动教育短板，促进学生健康成长、全面发展？

习近平总书记指出，“要树立健康第一的教育理念，加强学校体育工作，推动青少年文化学习和体育锻炼协调发展”，“要全面加强和改进学校美育，配齐配好美育教师，坚持以美育人、以文化人”，“要在学生中弘扬劳动精神，教育引导学生崇尚劳动、尊重劳动”。党的十八大以来，学校体育蓬勃发展，体教融合深入推进，体育课开足开好得到更广泛的落实。学校美育深入拓展，美育相关课程更加多样，实践活动更加丰富，学生审美与人文素养明显提升。劳动教育不断加强，课程和实施机制逐步完善，成效较为突出。但体育、美育、劳动教育方面还存在许多新旧问题。《纲要》提出，“深入实施素质教育，健全德智体美劳全面培养体系，加快补齐体育、美育、劳动教育短板”。下一步，将重点开展以下工作。

一是实施学生体质强健计划。以落实“中小学生每天综合体育活动时间不低于2小时”为重点，部署推进义务教育阶段学生每天综合锻炼2小时试点，鼓励学校每天开设1节体育课，再让学生课后锻炼1小时，多措并举增加学生体育锻炼时间。抓牢课堂教学主渠道，鼓励地方和学校丰富运动项目教学，探索走班制以及体育课与大课间更加灵活贯通的实施方式，打造学生喜爱、更有质效的体育课。推进学校体育评价改革，实施高校大学生体质提升专项行动，形成良好的尚“体”氛围，带动学生养成体育运动的爱好和习惯，帮助学生在体育锻炼中享受乐趣、增强体质、健全人格、锤炼意志。

二是实施学校美育浸润行动。创新美育工作思路，深入开展美育教学改革深化、教师美育素养提升、艺术实践活动普及、校园美育文化营造、美育评价机制优化、乡村美育提质发展、美育智慧教育赋能、社会美育资源整合等八大具体行动。开齐开足上好艺术相关课程，打造艺术课程活力课堂，分学科推动制定美育教学指引。强化各学科教师的美育意识，将美育纳入教育系统领导干部和教师培训计划，建设国家、省、市、县各级学校美育名师工作室。完善面向人人的常态化学校艺术展演机制，提高全国大中小学生艺术展演活动覆盖面和参与度，推广普及高雅艺术进校园活动，做好校园精品剧目校际展示。持续开展中华优秀传统文化艺术传承学校和传承基地建设，加强国家级示范性大中小学生艺术团建设。因地制宜推进县域内优秀美育教师流动授课、优质美育课堂资源共享，开发优质美育数字教育资源。

三是实施劳动习惯养成计划。指导各地各校开齐劳动教育课程，整体设计劳动项目和实施方式。加快建设校内劳动教育场所和校外劳动教育实践基地，进一步完善学校建设标准，逐步建好配齐劳动实践教室、实训基地，大力拓展实践场所，满足各级各类学校多样化劳动实践需求。积极探索建立专兼结合的劳动教育教师队伍，配备必要的专任教师，将劳动教育纳入教育行政干部、校长、教师、辅导员培训内容，增强劳动育人意识，提高专业化水平。建立有效的家校衔接劳动育人机制，引导家长培养孩子爱劳动的好习惯。

17. 如何深入实施青少年学生读书行动？

党的二十大指出，“深化全民阅读活动”，“建设全民终身学习的学习型社会、学习型大国”。习近平总书记致信首届全民阅读大会指出，“阅读是人类获取知识、启智增慧、培养道德的重要途径，可以让人得到思想启发，树立崇高理想，涵养浩然之气”。深入实施青少年学生读书行动，有利于青少年全面发展和健康成长，有利于文明进步和社会发展，有利于强国建设和民族复兴。

2023 年 3 月，教育部等八部门印发《全国青少年学生读书行动实施方案》，提出丰富学生读书内容、创新读书行动载体、健全读书长效机制等举措，着力推动广大青少年学生爱读书、读好书、善读书。上线国家智慧教育读书平台，依托数字技术推动阅读从校园走向社会，汇聚优质资源，服务学生处处可读、时时能读。开展“典耀中华”“读经典 我思考”等主题读书活动，广泛征集青少年学生读书行动区域优秀案例，指导各地各校推进“书香校园”建设，争取实现每一所中小学校都是“书香校园”。各地教育部门和各级各类学校更加重视青少年阅读，创新开展教师导读、学生领读、师生共读、家庭亲子阅读等多种活动，使校内外阅读氛围日益浓厚。《纲要》进一步提出，“深入实施青少年学生读书行动”，推动全国青少年学生读书活动更加广泛深入开展。下一步，重点推进以下工作，不断提升阅读成效。

一是持续构建完善多方参与、贯通联动的青少年阅读长效机制。二是持续开展面向中小学生的书目推荐相关工作，加强内容把关，注重书目内容的层次性和多样性，满足不同年龄段、不同阅读水平学生的需求。三是持续建强用好国家智慧教育读书平台，依托平台开展读书分享活动，完善成果展示专区。四是征集全国青少年学生读书行动区域优秀案例，推动各地不断提高“书香校园”覆盖率。五是推动各地开展阅读指导教师培训，提升教师的阅读素养和指导能力，推动各地各校将阅读与学科教学、汉字书写教学、实践活动相结合，打造阅读品牌项目，引导青少年学生读思结合、知行合一。六是推动各地健全家校社协同育人机制，加强“教联体”

建设，促进在校阅读与家庭教育、社会阅读有机衔接。

通过推动青少年学生读书行动广泛深入开展，促进中华优秀传统文化、革命文化和社会主义先进文化教育得到切实加强，科普教育深入实施；覆盖各学段的阅读服务体系基本完善，“书香校园”建设水平显著提高，青少年学生阅读激励机制建立健全，校内外阅读氛围更加浓厚；广大青少年学生阅读量明显增长，阅读兴趣、阅读能力持续提升。

18. 如何打造培根铸魂、启智增慧的高质量教材？

习近平总书记指出，“教材是传播知识的主要载体，体现着一个国家、一个民族的价值观念体系，是老师教学、学生学习的重要工具”，“用心打造培根铸魂、启智增慧的精品教材”。党的十八大以来，我国教材工作体制更加完善、教材体系更加优化、管理制度更加健全、服务保障更加有力，教材建设和管理取得了显著成效。《纲要》提出，“落实教材建设国家事权，体现党和国家意志”，对教材工作提出了明确要求。重点抓好以下工作。

一是深入推进党的创新理论进课程进教材。紧扣用习近平新时代中国特色社会主义思想铸魂育人主题主线，完善学生发展核心素养要求，修订中小学思政课课程标准，推进思政课教材建设，加强新时代马克思主义理论研究和建设工程重点教材建设，努力锻造好落实立德树人根本任务的关键课程和重点教材。

二是加快推进中国原创性哲学社会科学教材建设。深入总结新时代中国特色社会主义理论和实践，围绕构建中国自主知识体系，推进“中国系列”原创教材建设。加快推进“新时代系列”教材建设，围绕意识形态属性强、价值引领作用明显、文化传承意义大的学科专业基础课程、核心课程和部分公共课程教材，构建中国特色高校哲学社会科学教材体系。

三是推动教材建设更好适应高质量发展需要。优化基础教育课程体系，加强基础教育优质科学教材建设，打造一批现代职业教育优质教材，建设一批本科和研究生一流核心教材，遴选引进一批理工农医学科前沿优质教材。加强基础学科、新兴学科、交叉学科教材建设。加快推进教材数字化转型。

四是大力提升教材治理能力和保障水平。深化改革创新，着力解决教材建设学术自信、理论供给、评价激励等问题，一体推进教材领域内容创新、形态创新、基础能力建设和制度创新。完善教材管理体制，健全国家、地方、学校、出版单位分级分类负责机制。加快推进教材立法进程，健全配套制度体系，用法治保障教材建设和管理。完善教材建设相关表彰奖励制度，加强中国原创性教材建设的激励支持。加强教材编写修订指导，加强教材全流程把关，强化教材质量内控机制，规范管理教辅材料和课外读物。持续建设国家教材建设重点研究基地，加强教材编研队伍建设和基础研究，打造教材建设蓝皮书，全面夯实教材建设发展基础。

19. 推出“中国系列”原创教材的主要考虑是什么？

习近平总书记指出，“我们的哲学社会科学有没有中国特色，归根到底要看有没有主体性、原创性”，“培养出好的哲学社会科学有用之才，就要有好的教材”，“要抓好教材体系建设，形成适应中国特色社会主义发展要求、立足国际学术前沿、门类齐全的哲学社会科学教材体系”。推进“中国系列”原创教材建设，是新时代哲学社会科学教材建设肩负的新的历史使命，意义重大、影响深远。这是深入推进习近平新时代中国特色社会主义思想进教材，把党的十八大以来的理论创新和实践创新成果全面贯穿、有机融入哲学社会科学教材中的重要行动；是系统总结新中国成立以来、改革开放以来特别是新时代以来伟大实践、伟大变革经验，用中国道理总结中国经验，把中国经验提升为中国理论的重大举措；是从根本上解决当西方理论“搬运工”问题，引领和带动哲学社会科学原创性教材建设，构建中国自主教材体系的必由之路。《纲要》提出，“深入总结新时代伟大实践，推出‘中国系列’原创教材，打造自主教材体系”。

“中国系列”原创教材，指以我为主，从中国实际出发，总结中国经验，梳理提炼标识性概念和原创性理论，充分体现主体性、原创性的教材。教材坚持以习近平新时代中国特色社会主义思想为指导，把握从认识到范式、从范式到教材的建设规律，系统总结中国改革发展丰富实践和宝贵经验，大力推动原创性实践向原创性理论、原创性理论向原创性教材转化，突破“用原有理论解释中国问题”或者用“原有理论+中国案例（数据）”的模式，打造体现新时代特色的原创性教材。目前已启动建设中国经济学教材，并拓展延伸到中国法学、中国新闻学和中国纪检监察学教材。

下一步，将锚定教育强国建设目标，整体实施中国特色高质量教材建设工程，扎实推进“中国系列”原创教材建设行动，加快中国经济学、中国法学、中国新闻学、中国纪检监察学等教材建设。实施新时代高校哲学社会科学原创性教材建设培育项目，以活页、案例、大纲、讲义、教程、教材等多样态推进。实施高校哲学社会科学教材建设研究专项，加大研究支撑力度。推进原创性教材成果应用转化，开展教材使用国家级示范培训，指导推动高校及时开设对应课程、统一使用教材。计划到2025年完成对哲学社会科学29个一级学科的整体布局；到2027年，推出一批中国原创性教材，引领带动哲学社会科学教材建设整体突破、全面创新；到2030年，基本形成中国自主教材体系。

20. 如何进一步规范教辅材料和课外读物管理？

规范中小学教辅材料、课外读物管理，关乎中小学生切身利益，关乎立德树人成效。党的十八大以来，教辅材料和课外读物进校园规范管理工作取得扎实进展。2015年，国家新闻出版广电总局、教育部、发展改革委联合印发《中小学教辅材料管理办法》，从编写出版、印刷复制、发行、质量、评议、选用、价格、监督管理等方面对教辅材料进行规范。2021年，教育部印发《中小学生课外读物进校园管理办法》，明确标准要求，规范课外读物进校园程序，确保进校园课外读物的质量。教育部指导省级教育行政部门会同有关部门制定管理办法实施细则或配套文件，压实地方主体责任，要求加强教辅读物内容把关，确保进校园教辅材料、课外读物弘扬践行社会主义核心价值观，体现正确的政治方向和价值导向。

中小学教辅材料、课外读物市场化程度高，管理上面临诸多困难与挑战。《纲要》提出，“规范教辅材料和课外读物管理”。下一步，将进一步规范中小学教辅材料、课外读物进校园管理，把好质量关和廉政关，守好进校园的安全门。

一是压实各级各方责任。在中小学教辅材料进校园管理上，严格按照《中小学教辅材料管理办法》规定进行评议推荐，鼓励有条件的单位组织开发编写供学生免费使用的教学辅助资源。在课外读物进校园管理上，明确国家、地方和学校分别承担的工作职责，严格按照《中小学生课外读物进校园管理办法》规定的范围、原则、程序及要求进行推荐。

二是加强关键岗位监督。加强对教育行政干部、中小学校领导及教师的教育培训，坚决守住进校园教辅材料、课外读物的安全底线和廉政红线，任何单位和个人不得进入学校宣传、推荐和推销任何教辅材料，不得强制或变相强制学校或学生购买教辅材料、课外读物。

三是进一步推动制度完善。推动有关部门加快相关制度研究与修订，强化出版源头管理，严厉惩处中小学教辅材料、课外读物的出版、印制、发行违法违规行为。

21. 推广普及国家通用语言文字的工作思路和举措有哪些?

习近平总书记强调，“语言是人类交流思想的工具、传承文明的载体、增进理解的桥梁”，要“加大国家通用语言文字推广力度，促进铸牢中华民族共同体意识”。语言文字是国家重要的教育资源、科技资源、文化资源、经济资源、安全资源和战略资源。推广普及国家通用语言文字是铸牢中华民族共同体意识的重要举措，是构筑中华民族共有精神家园的重要途径，是建设中华民族现代文明的重要要求，是各民族参与伟大复兴进程、共享伟大复兴成果的必要条件。当前，国家通用语言文字推广普及取得了历史性成就，实现了基本普及，创造了统一的多民族国家推广普及国家通用语言文字的成功典范。中华优秀语言文化传承发展取得一系列标志性成果，有效促进了中华优秀传统文化的国内传承和国际传播。《纲要》进一步对“推广普及国家通用语言文字”作出部署，提出“实施国家通用语言文字普及攻坚和质量提升行动”，“深入实施国家语言文化传承发展系列工程”。

下一步，要坚持以服务落实立德树人根本任务、促进铸牢中华民族共同体意识为根本使命，以保障改善民生、服务国家战略为重要方向，以推广普及国家通用语言文字为核心任务，以实施国家通用语言文字普及攻坚和质量提升行动为统领，聚焦重点、全面普及、巩固提高，形成教育培训、文化浸润、测试评价、治理保障系统集成的“推普”工作框架体系，构建推广普及、文化传承、治理体系一体推进的语教融合新格局。

一是加大国家通用语言文字推广力度。在民族地区全面实施“推普”攻坚，在农村地区做好“推普”助力乡村振兴，基础较好地区推进高质量普及行动。坚持从娃娃抓起，加强学前儿童普通话教育，全面加强国家通用语言文字教学，加强中小学生规范汉字书写教育，确保各民族青少年掌握和使用好国家通用语言文字；以教师为重点，迭代升级“语培计划”，开展教师国家通用语言文字教学能力培训，建设高水平教师队伍；聚焦民族地区青壮年劳动力，加强“普通话＋职业技能”培训，实施民族地区“推普”志愿服务跃升计划，逐步提高群众使用国家通用语言文字的意识和能力。探索推进乡村语言文字高质量发展建设模式，营造乡村学普用普的良好氛围。

二是实施语言文化传承发展系列工程。实施好古文字与中华文明传承发展、中华经典诵读、中华思想文化术语传播、中国语言资源保护、全民阅读标准建设、全民语言文化素养提升行动等重大工程项目。从传承中华文明的高度，创新举办更多更受社会大众喜爱的语言文化品牌节目，推进“典耀中华”主题读书行动，建好用好中国语言文字数字博物馆。加强与港澳台地区语言文化交流合作。

三是着力提升语言文字工作治理能力。推动修订颁布《中华人民共和国国家通用语言文字法》，指导地方完善配套法律规章。启动语言国情国力调查，健全调查工作机制，逐步构建涵盖语言使用、语言能力、语言资源等的多维度多层次调查体系。健全语言文字规范标准体系，加强面向教育、科技、文化等领域的标准研制。提高社会用语用字规范化水平。强化社会协同，发挥校家社联动作用，加大东西部协作和对口支援力度，形成央地协同、分工协作、协调有效的语言文字工作机制。

四是提升语言文字工作数字化治理效能。完善国家通用语言文字教育数字化监测体系，研制国家通用语言文字教育质量监测标准，利用数字技术加强对国家通用语言文字推广和使用情况的监测、评估与管理。推动语言文字与人工智能、大数据、云计算等信息技术的深度融合，研制新型语料库建设规范，分阶段推进新型国家语料库建设。充分发挥国家语言文字资源服务平台、全球中文学习平台作用，构建“数字+资源+服务”的数字化平台。开展“清朗·规范网络语言文字使用”专项行动，加强网络空间语言文字规范引导，塑造有利于青少年健康成长的网络空间和育人生态。

五是推进语言文字与信息技术深入融合。全面推进语言文字信息化发展，以加强数字中文建设为重点，建设规范标准、资源服务、人才培养、协同创新、安全保障等五大体系，实施数字中文服务教育发展、助力科技创新、赋能文化传承、推动产业升级、促进社会进步等五项行动，全方位释放语言文字在数字时代经济社会发展中的数据要素价值，有力支撑国家语言能力建设、语言文字事业和经济社会高质量发展。坚持试点先行，支持面向重点行业、战略区域和关键学科等的垂直领域大语言模型建设与应用。

22. 如何把握基础教育的战略基点作用？

习近平总书记指出，“建设教育强国，基点在基础教育。基础教育搞得越扎实，教育强国步伐就越稳、后劲就越足”。基础教育在国民教育体系中处于基础性、先导性地位，是提高民族素质的奠基工程。

基础教育的战略基点作用主要体现在：一是为学生全面发展、终身发展奠基。学生在基础教育阶段所受的教育，将对他的一生产生决定性影响。因此，基础教育必须立足长远、面向未来，培育学生适应终身发展和社会发展需要的正确价值观、必备品格和关键能力，促进学生全面而有个性的发展，培养德智体美劳全面发展的社会主义建设者和接班人。二是为社会普遍认同的行为规范、价值准则形成筑基。基础教育是立德树人的事业，青少年阶段是人生的“拔节孕穗期”。少年儿童是祖国的未来，要让社会主义核心价值观的种子在少年儿童心中生根发芽、真正培育起来。青年的价值取向决定了未来整个社会的价值取向，而青年又处在价值观形成和确立的时期，抓好这一时期的价值观养成十分重要，“这就像穿衣服扣扣子一样，如果第一粒扣子扣错了，剩余的扣子都会扣错”。三是为职业教育转型升级和高等教育创新发展强基，只有基础教育办好了，才会有源源不断的优秀生源，学生才有扎实的发展基础，职业教育的转型升级、高等教育的创新发展才有潜力和后劲。

党的十八大以来，国家着力推进学前教育普及普惠发展、义务教育优质均衡发展和高中阶段学校多样化发展，基础教育质量显著提升。但是，基础教育发展不平衡不充分问题仍然存在，人民群众在“家门口”上好学的愿望还很强烈，“城市挤”“乡村弱”现象较为普遍，教育功利化倾向仍需扭转，发展素质教育还有待深化。《纲要》指出，“办强办优基础教育，夯实全面提升国民素质战略基点”，为基础教育高质量发展指明了方向。

办强办优基础教育，夯实教育强国建设战略基点，要往高处站位，往深处扎根，往远处着眼，往实处用力，重点抓好十方面工作：一是抓党建德育，落实立德树人根本任务。二是抓布局规划，优化区域教育资源配置，推动城乡教育整体发展。三是抓扩优提质，提升教育公共服务水平。四是抓“五育并举”，进一步发展素质教育。五是抓科学教育，厚植创新人才培养沃土。六是抓“双减”落实，减轻学生过重学业负担。七是抓教育数字化，赋能基础教育高质量发展。八是抓协同育人，促进校家社形成育人合力。九是抓国际交流，提升基础教育国际影响力。十是抓校园安全，守住学生生命安全底线。

23. 如何健全与人口变化相适应的基础教育资源统筹调配机制？

习近平总书记强调，要“优化区域教育资源配置”。党的二十届三中全会《决定》提出，“建立同人口变化相协调的基本公共教育服务供给机制”。《纲要》进一步明确了“健全与人口变化相适应的基础教育资源统筹调配机制”的任务要求。据预测，随着出生人口变化，我国基础教育各学段学龄人口在陆续达到峰值后将逐步下降。2024—2035 年学龄人口，既有新出生人口下降带来的学前和小学阶段生源减少问题，又有现存学龄人口积累导致初中、高中学位不足，校舍、教师等资源短缺问题，以及人口流动带来的城乡、区域学龄人口规模结构变化问题。

健全与人口变化相适应的基础教育资源统筹调配机制，要坚持立足当前和着眼长远相结合，坚持保障供给和避免错配相结合，坚持宏观引导和因地制宜相结合，坚持聚焦重点和优化机制相结合。重点采取以下措施。

一是开展学位预测预警。建立基础教育各学段学龄人口变化监测预警制度，开发学龄人口变化预测模型工具，指导各地开展省市县三级学龄人口预测，精准掌握各学段学龄人口峰谷变化趋势，提高学位供给的匹配性。

二是优化城乡基础教育资源布局。根据学龄人口变化，合理优化城乡幼儿园和中小学布局。稳步增加公办幼儿园学位供给，完善和落实普惠性民办幼儿园扶持政策，支持有条件的幼儿园招收 2 至 3 岁幼儿。加强义务教育学校标准化建设，提升寄宿制学校办学条件和管理水平，规范学校撤并程序，稳妥有序推进乡村小规模学校布局调整。加快扩大普通高中教育资源供给，加强县域普通高中建设，全面改善高中阶段学校办学条件。

三是加强教育资源跨学段统筹调配。统筹考虑各学段学龄人口峰谷变化，加强近期和中长期教育资源统筹配置。改建新建一贯制学校，加强教师转岗培训，因地制宜打通使用各学段教育资源，加强跨学段动态调整和余缺调配，有效扩大学龄人口净流入城镇的教育资源供给。

24. 如何建立“市县结合”的基础教育管理体制？

教育管理体制改革是教育体制改革的重要组成部分，是教育事业发展的重要推手。习近平总书记强调，“要深化办学体制和教育管理改革，充分激发教育事业发展生机活力”。《中华人民共和国义务教育法》规定，“义务教育实行国务院领导，省、自治区、直辖市人民政府统筹规划实施，县级人民政府为主管理的体制”。在多年实践下，基础教育其他学段总体上也实行“以县为主”的管理体制，长期以来对解决教育投入不足和农民负担过重等问题发挥了巨大作用。

目前，“市县结合”的管理体制已有一定政策基础。近年来，中共中央、国务院出台了《关于全面深化新时代教师队伍建设改革的意见》《关于学前教育深化改革规范发展的若干意见》《关于新时代推进普通高中育人方式改革的指导意见》等一系列文件，强调要进一步强化市级管理职能。2023 年，中共中央办公厅、国务院办公厅印发的《关于构建优质均衡的基本公共教育服务体系的意见》提出了“市（地、州、盟）域义务教育均衡发展水平显著提升”的工作目标，要求“充分发挥市级政府作用，落实以县为主的管理责任”，“市级政府要充分发挥区域经济中心作用，资源配置重点向经济欠发达县区倾斜”。《纲要》进一步指出，“建立‘市县结合’的基础教育管理体制”。这是深化教育体制改革，激发教育事业发展生机活力，提高教育质量的重要举措。

“市县结合”在地方已有初步探索。在高中教育阶段，“市县结合”事实上已经是全国大多数地方的普遍做法。这一体制在实现全市高中统一管理、统筹资源推进高中育人方式改革、推动普通高中多样化特色化发展上取得了显著成效。基础教育建立“市县结合”的管理体制，有利于提升基础教育管理效能。一是市级政府比县级政府统筹能力更强。提高基础教育管理层级，有利于充分发挥市级政府的积极性，协调区域内优质教育资源，有效缓解部分区县因财政薄弱导致的教育短板，也能够避免部分地区过度集中投入带来的资源浪费，促进资源更好利用，更好推动区域内、城乡间均衡发展，缩小区域教育差距。二是有利于促进良好教育生态的形成。当前，高中阶段招生录取一般以地市为单位组织，在“以县为主”的管理体制下，县与县之间是“竞争”关系，造成办学资源争抢、升学率比拼等一系列问题。建立“市县结合”的管理体制，将有利于弱化恶性竞争，促进形成良好教育生态。三是“市县结合”能够较大程度保留地方政府的决策权和管理权。相较于中央和省级政府，地方政府能较好地了解和掌握当地发展状况，根据本地区经济、社会发展需要来规划和发展基础教育。四是基础教育办学格局新变化为市级管理创造了条件。在新的历史时期，基础教育面临学龄人口减少、城镇化进程加快等新变化，县域内学校数量也将进一步减少。县域内学校数量过少不利于推进校长、教师交流轮岗，也不利于开展集体教研、提高教学质量，必须加强市级管理，为提高办学水平创造好条件。因此，提高基础教育管理层级，建立“市县结合”的管理体制成为当前教育管理体制改革紧迫而重要的任务。

面向未来，在产业结构转型升级、城镇化进程加快和学龄人口峰谷变化的叠加挑战下，推进建立“市县结合”的基础教育管理体制，要进一步增强行政调控能力，优化基础教育资源供给结构，补齐财政薄弱区县教育短板，有效缓解教育生态治理压力。一是深入实施扩优提质行动。加强市级投入，扩大学龄人口净流入城镇的教育资源供给，推进优质学校挖潜扩容，加快新优质学校成长。二是打通使用市域内教育资源。加大市级管理、投入、编制等方面统筹力度，加强教师市域内跨学段动态调整和余缺调配，推进紧缺学科教师市域统筹、校际共享。三是压实县级发展基础教育主体责任。合理划分市县两级财权、事权，明确县级权责，制定相应考核标准，保障必要投入。

25. 如何进一步建设好特殊教育学校？

特殊教育学校承担着中、重度残疾学生的教育教学任务，以帮助他们更好适应社会、成长成才，同时还发挥着支持区域内融合教育发展和学校家庭社会协同育人的重要作用。党的十八大以来，以习近平同志为核心的党中央始终高度重视、关心关怀残疾儿童青少年的健康成长和特殊教育事业的发展。党的二十大和党的二十届三中全会都对特殊教育发展作出部署。《纲要》提出，“支持人口 20 万以上县（市、区、旗）办好一所达到标准的特殊教育学校，鼓励有条件的地区建设十五年一贯制特殊教育学校”。

近年来，国家连续组织实施了三期特殊教育提升计划，特殊教育普及水平、保障条件和教育质量得到显著提升，但还存在普及基础比较薄弱、教育质量有待提高、支撑保障能力偏弱等问题。根据第二次全国残疾人抽样调查数据，我国 6—14 岁人口残疾发生率约为 1.87%。按此标准测算，20 万人口县的义务教育阶段特殊教育学校学位需求超过200个。当前，我国特殊教育学校校均规模145人，20万人口以上县至少需要建设一所特殊教育学校，才能满足当地残疾儿童义务教育阶段基本学位需求，解决残疾学生及家庭因本地无特殊教育学校、跨县异地就读带来的困难，同时为残疾儿童接受学前、高中阶段两端延伸教育提供学位支持。根据第七次全国人口普查数据，我国20万人口以上县中，已建立特殊教育学校的县有1808个，占85.9%；尚未建立的有296个县，占14.1%，主要集中在中西部地区。下一步，要全面落实《纲要》要求，以优质融合为目标，加快完善特殊教育体系，不断健全特殊教育保障机制，推动特殊教育高质量发展。

一是加快健全特殊教育体系，有效增加优质资源。在学段上，加强20万人口以上县（市、区、旗）特殊教育学校建设，推行特殊教育学校十五年一贯制，继续夯实巩固残疾儿童义务教育普及成果，同时加快向学前和高中以上阶段两头延伸。到2035年，适龄残疾儿童义务教育实现应入尽入，非义务教育阶段残疾儿童入学机会大幅增加。在类别上，继续办好视力、听力、言语、肢体、智力等残疾儿童教育，重点加大对孤独症儿童的教育关爱，建设一批独立设置、办学质量较高的孤独症儿童特殊教育学校，支持办好国家孤独症儿童特殊教育资源中心，努力为孤独症儿童接受教育创造条件。

二是大力推进融合教育发展，全面提高教育质量。以特殊教育数字化为牵引，推动特殊教育与人工智能技术在教育教学、资源建设、信息管理等方面的深度融合，不断丰富融合教育的内涵与形式。深化特殊教育课程教学改革，推动各地完善特殊教育办学质量评价指标体系，促进普通教育和特殊教育高质量融合发展。

三是不断健全特殊教育保障机制，大幅提升支撑能力。加强特殊教育学校标准化建设、校园无障碍环境建设，推动完善国家、省、市、县、校五级特殊教育资源中心体系，不断改善特殊教育办学条件。国家专门为特殊教育学校编写教材。巩固完善经费投入机制，逐步提高各学段特殊教育生均公用经费标准，对残疾学生实行高中阶段免费教育。强化特殊教育教师队伍建设，持续加大培养培训力度，配齐配强特殊教育教师，整体提高教师专业素养。

26. 如何加强专门学校建设和专门教育工作?

专门教育是未成年人保护体系的重要组成部分，专门学校是对有严重不良行为未成年人实施教育矫治的有效场所。加强专门学校建设和专门教育工作，是预防和减少青少年违法犯罪的现实要求，也是促进青少年整体健康成长的底线保障，事关家庭幸福安宁、社会和谐稳定、国家长治久安。2019年，中共中央办公厅、国务院办公厅印发《关于加强专门学校建设和专门教育工作的意见》，以中央文件形式对专门教育定位、专门学校建设管理、运行保障等作出明确规定。2020年修订通过的《中华人民共和国预防未成年人犯罪法》进一步完善了专门教育的法律制度。党的二十届三中全会《决定》提出健全专门教育保障机制，“加强和改进未成年人权益保护，强化未成年人犯罪预防和治理，制定专门矫治教育规定”。《纲要》明确提出，“加强专门学校建设和专门教育工作”。

开展专门教育工作，要坚持保护与教育并重，立足教育感化、科学矫治、有效转化，纠正未成年人的心理和行为偏差，培养健康成长、全面发展的社会主义合格公民。重点开展以下工作。

一是建立健全管理机制。推动和指导县级以上人民政府贯彻落实党中央、国务院决策部署，按照法律规定建立健全专门教育指导委员会，承担起属地专门学校建设、教学、管理等各项具体工作。

二是推动专门学校建设。各省级人民政府将专门教育发展和专门学校建设纳入经济社会发展规划，指导各地科学规划、合理设置专门学校，注重盘活闲置校舍等现有资源，做到布局合理、资源集中、有效辐射。

三是分级分类开展教育矫治。专门教育要针对未成年人身心发展特点，系统深入开展思想道德教育、法治宣传教育、科学文化教育、职业技术教育、心理健康教育等。专门矫治教育重在矫治，公安机关、司法行政部门负责矫治工作，教育行政部门承担教育工作。

四是强化师资配备。推动专门学校配备专兼职法治副校长，配备适当数量的专职法治和心理健康教育教师。选派责任心强、熟悉未成年人身心特点的民警辅警参与。

五是加强条件保障。专门学校实行以政府投入为主、受教育者合理分担、多渠道筹措经费的投入机制，财政保障水平应高于当地普通学校。

27. 推动义务教育优质均衡发展和城乡一体化的工作思路是什么?

习近平总书记强调，“推动义务教育优质均衡发展，逐步缩小城乡、区域、校际、群体差距”。党的十八大以来，以习近平同志为核心的党中央高度重视义务教育发展，全国2895个县级行政单位全部实现基本均衡，我国义务教育迈上了优质均衡发展的新征程。2023年，中共中央办公厅、国务院办公厅印发《关于构建优质均衡的基本公共教育服务体系的意见》，完善了推动义务教育优质均衡发展和城乡一体化的政策措施。党的二十届三中全会《决定》提出，“完善义务教育优质均衡推进机制”。《纲要》进一步明确了“推动义务教育优质均衡发展和城乡一体化”的任务要求。

义务教育从基本均衡到优质均衡，既要注重提高教育“均衡”水平，更要突出强调教育“优质”要求，实现更加公平与更高质量的有机统一。下一步，重点推进以下工作。

一是促进学生全面发展。落实立德树人根本任务，扎实推进素质教育，不断提高思政课的针对性和吸引力，加强学生体育兴趣、审美情趣和劳动习惯培养，全面普及心理健康教育，促进学生健康成长。持续推进“双减”改革，开足开齐国家规定的各门课程，全面提升课堂教学水平，提高课后服务质量，强化核心素养培养。健全学校家庭社会协同育人机制，完善随迁子女、留守儿童、残疾儿童关爱体系，营造全社会共同关心关爱的良好环境。

二是优化教育资源配置。加强学龄人口变化前瞻研究，建立同人口变化相协调的基本公共教育服务供给机制，强化城乡、学段间资源统筹。合理规划学校布局，强化人口集中流入地区的学位供给，加强县镇公办寄宿制学校建设。

三是实施扩优提质行动。统筹实施有关工程项目，切实改善学校教学生活和安全保障条件。通过标准化新建一批、优质学校扩招一批、集团化办学提升一批、城乡结对帮扶一批等方式，促进新优质学校成长，提升薄弱学校和农村学校办学质量。注重数字化赋能，推动优质教育资源共享。

四是加强教师队伍建设。探索多元化教师培养补充途径，扩大高水平教师培养规模。完善学校优秀领导人员、骨干教师区域内统筹调配、交流轮岗制度，促进优质师资均衡配置。推进教师培训改革，提升教师专业能力。完善教师待遇保障，提高教师政治地位、社会地位、职业地位。

五是强化政府财政保障。坚持把义务教育作为教育投入的重中之重，逐步提高经费保障水平。聚焦保基本、补短板、提质量，教育投入进一步向教育教学和教师队伍倾斜、向中西部地区倾斜。规范资金使用管理，提高经费使用效益。

六是健全工作推进机制。强化部省协同，落实中央部门和地方政府协同推进责任，加强会商调度和针对性指导。加强市域统筹，鼓励支持有条件的地市探索开展市域义务教育优质均衡发展试点，加大市级财政投入和资源调配力度，缩小县域间教育发展差距。聚焦教育质量和群众满意度，有序开展县域义务教育优质均衡发展督导评估认定，推进以评促建。

28. 如何提升寄宿制学校办学条件和管理水平?

习近平总书记强调，“搞好标准化寄宿制学校建设非常重要”。党的十八大以来，国家先后出台《国务院关于统筹推进县域内城乡义务教育一体化改革发展的若干意见》《国务院办公厅关于全面加强乡村小规模学校和乡镇寄宿制学校建设的指导意见》等系列文件，对加强寄宿制学校建设作出部署。《纲要》进一步提出，“提升寄宿制学校办学条件和管理水平”。

为提升寄宿制学校办学条件和管理水平，让学生享有安全、便利、优质、温馨的寄宿服务，要重点推进以下工作。一是充足供给寄宿学位。充分调研学生的寄宿需求，保障寄宿学位充分供给，优先满足家校距离较远、父母关爱缺失、父母难以照养等特殊群体的寄宿需求。二是全面改善寄宿条件。各地要加快制定完善寄宿制学校建设标准，按标准补齐办学条件短板，包括改善住宿条件、规范安全保障、完善配套设施、提升营养水平、提供充足活动空间和运动活动设施等。三是强化资源配套保障。各地要制定并落实寄宿学校宿管、食堂、安保等工勤服务人员及卫生人员配备标准，配齐配足寄宿制学校教育教学和生活管理所需师资和专门人员，探索将属于政府职责范围且适宜通过市场方式提供的学校安保、生活服务等事项纳入政府购买服务范围。动态调整公用经费标准，充分保障学校的基本运转和发展需求。四是畅通家校沟通机制。充分发挥学校专业指导优势，做好家庭教育指导服务工作，提高家长的家庭教育能力。通过家长学校、学校开放日等多种方式强化家校联系，促进家校育人高效协同。做好留守儿童和困境儿童关爱工作，建立信息台账和监测档案，健全优先保障、精准帮扶等制度，加强心理健康教育。五是规范学校生活管理。各地要制定寄宿制学校管理办法，不断提升住宿、安全、饮食、卫生和教育教学管理水平。压实校园安全管理责任，健全校内安全预警及风险防范系统，全面开展安全隐患排查整改，加强师生安全教育培训，提高学生避险和自我保护能力。提高学校生活管理水平，充分发挥寄宿制学校全天候育人优势，积极开展丰富多彩的综合实践和校园文化活动，保证寄宿生充足的户外活动时间，促进学生身心健康发展。

29. 如何健全留守儿童、残疾儿童关爱体系和工作机制？

习近平总书记指出，“要关心留守儿童、留守老年人，完善工作机制和措施，加强管理和服务，让他们都能感受到社会主义大家庭的温暖”。党的二十大报告强调，“保障妇女儿童合法权益。完善残疾人社会保障制度和关爱服务体系，促进残疾人事业全面发展”，“强化学前教育、特殊教育普惠发展”。党的十八大以来，国家高度重视少年儿童工作，关心儿童健康成长成才，对新时代儿童事业发展作出一系列重大部署，相继出台《关于加强农村留守儿童关爱保护工作的意见》《“十四五”特殊教育发展提升行动计划》等系列文件。党的二十届三中全会《决定》指出，健全特殊教育保障机制。《纲要》提出，“健全留守儿童、残疾儿童关爱体系和工作机制”，对提高留守儿童、残疾儿童关爱服务质量提出了明确要求。

在健全留守儿童关爱体系和工作机制方面，要着力抓好三项工作。一是加强控辍保学。教育部门要会同民政等部门对留守儿童进行全面摸排，建立翔实完备、动态更新的信息台账，按照义务教育控辍保学常态化报告工作机制的要求，逐一核查，准确掌握就学情况。对疑似辍学或辍学的，纳入控辍保学工作台账管理，多措并举做好劝返复学工作。二是改善教育条件。优先满足留守儿童教育基础设施建设，全面落实教育资助政策，优先保障留守儿童寄宿、交通、营养需求。三是强化人文关怀。将留守儿童关爱和教育纳入教师培训内容，重点提高班主任照料能力。加强心理健康教育和法治安全教育。建立教师“一对一”“一对多”帮扶制度，对留守儿童给予重点关爱。根据留守儿童特点，加强家庭教育指导和家校沟通，缓解家庭教育缺失问题。

在健全残疾儿童关爱体系和工作机制方面，着重推进三方面工作。一是完善特殊教育体系，提供适宜教育机会。积极发展学前特殊教育，普通幼儿园可接收残疾儿童，特殊教育学校增设学前部或附设幼儿园。义务教育阶段通过普通学校随班就读或特殊教育学校就读的方式，保障适龄残疾儿童就近就便接受教育。普通中等职业学校和普通高中接收残疾学生随班就读，普通高校通过普通高考单考单招等方式招收符合录取标准的残疾学生。二是深化课程教学改革，提升特殊教育质量。在特殊教育学校开足开齐义务教育国家课程，制订实施与本校学生相适应的课程与教学计划。在普通中小学合理调整教学内容，科学转化教学方式，提升随班就读课程适宜性和教学有效性。对身体残疾程度较重、确实不能到校就读的适龄残疾儿童少年，充分利用各方资源，安排个性化送教服务。三是健全保障机制，提升支撑能力。大力推进国家、省、市、县、校五级特殊教育资源中心建设。依托高校和科研院所优质资源，建设若干个国家级高水平特殊教育资源中心，指导各级特殊教育资源中心提供专业支持。教育、卫生健康、民政、残联等部门加强联动与合作，协同开展残疾儿童早期预防和发现、入学评估、教育康复保健服务、社区关爱、转衔安置等全过程服务，促进残疾儿童实现最大限度的发展。宣传残疾儿童教育政策，公共服务设施提供无障碍服务，增强公众意识，营造良好的社会环境。

30. 如何促进学前教育普及普惠发展？

习近平总书记强调，“要推进学前教育普及普惠安全优质发展”。党的二十大报告要求“强化学前教育普惠发展”。党的二十届三中全会《决定》要求健全学前教育保障机制。《中华人民共和国学前教育法》要求“推进普及学前教育”，“大力发展普惠性学前教育”。《纲要》提出“促进学前教育普及普惠发展”。

党的十八大以来，国家连续实施四期学前教育行动计划，各地扩资源、调结构、建机制、提质量，从无到有建立起覆盖城乡、公益普惠的学前教育公共服务体系。截至2023年，全国学前三年毛入园率达到91.1%，实现了基本普及，普惠性幼儿园覆盖率达到90.8%，绝大多数幼儿都能在普惠性幼儿园就读。下一步，将多措并举加快学前教育普及普惠安全优质发展。

一是优化学前教育资源配置。科学预测人口变动趋势，根据适龄人口规模，以县为单位合理制定普惠性学前教育规划。以政府举办为主，大力发展普惠性学前教育，稳步增加公办幼儿园学位供给，积极扶持民办幼儿园提供普惠性服务。推动有条件的地方优化班额、师生比，全面改善办园条件。

二是健全普惠保障机制。推动各地建立完善财政投入长效机制，加大学前教育财政投入，确保财政性学前教育经费在同级财政性教育经费中占合理比例，建立省市县财政补助经费分担机制，制定并落实公办幼儿园生均财政拨款标准或生均公用经费标准以及普惠性民办幼儿园生均财政补助标准。完善教师待遇保障机制，将公办幼儿园教师工资收入纳入财政保障范畴，实行同工同酬，督促民办幼儿园落实教师待遇。

三是加强幼儿园规范管理。完善幼儿园动态监管机制，加大对幼儿园教师资质与配备、收费与财务管理、课程教学资源使用、卫生保健、安全防护等方面的规范监管，深入推进县域学前教育普及普惠督导评估验收，加强幼儿园督导评估，促进学前教育健康有序发展。

四是持续深化幼儿园教育改革。深入落实《幼儿园保育教育质量评估指南》，健全幼儿园保教质量评估体系，构建区域学前教育质量提升工作机制，培植一批保教质量提升试点，引导幼儿园聚焦保教过程，提高教师保教实践能力，不断提高幼儿园保教质量。

31. 支持有条件的幼儿园招收 2 至 3 岁幼儿的主要举措是什么?

支持有条件的幼儿园招收 2 至 3 岁幼儿、提供托育服务，是落实党中央、国务院决策部署的重要举措。中共中央、国务院《关于优化生育政策促进人口长期均衡发展的决定》要求，“鼓励和支持有条件的幼儿园招收 2

至 3 岁幼儿”。国家卫生健康委等 17 部门《关于进一步完善和落实积极生育支持措施的指导意见》提出，“在满足学前教育普及的基础上，鼓励和支持有条件的幼儿园招收 2—3 岁幼儿”。《中华人民共和国学前教育法》规定，“鼓励有条件的幼儿园开设托班，提供托育服务”。《纲要》提出，“支持有条件的幼儿园招收 2 至 3 岁幼儿”。

各地结合实际积极探索支持有条件的幼儿园提供托育服务，截至 2023 年，全国幼儿园共招收 2 至 3 岁幼儿 34 万，占所有在托 3 岁以下婴幼儿的 15%，为优化生育支持政策提供了有力支撑。

总体上看，幼儿园招收 2 至 3 岁幼儿是对托育服务的有力补充，有助于减轻家庭生育养育教育负担。但实践中，低龄幼儿自理能力更弱，需要的安全保障更高，对幼儿园场地、人员等各方面都提出更高要求。下一步，应坚持积极稳妥原则，支持有条件的幼儿园解决好场地、设施、人员等问题，在确保安全和质量的前提下，招收能适应集体生活的 2 岁以上幼儿。

一是合理规划。要按法定要求先实现学前教育普及普惠目标，尚未实现普及普惠的地区，要优先解决好 3 至 6 岁幼儿入园问题，杜绝一边存在“大班额”一边办托班的情况。要以县为单位摸底预测真实托育需求，对周边居民有托育需求、学位有富余的幼儿园，支持幼儿园进行适托化改造，确保具备条件后举办托班。

二是加强管理。进一步明确幼儿园开办托班条件，加强幼儿园托班资质评估审核，坚决把好入口关。规范幼儿园托班收费管理，公办幼儿园和普惠性民办幼儿园举办的托班分别参照当地公办幼儿园和普惠性民办幼儿园进行管理，收费标准参考幼儿园收费标准，根据成本差异等情况合理确定。

三是强化指导。充分利用全国学前教育宣传月等渠道和平台，依托幼儿园和卫生保健机构，面向家长开展科学育儿宣传和指导，帮助家长树立正确的养育观念，减轻家庭育儿焦虑，助力提振生育意愿。

32. 如何理解探索设立一批以科学教育为特色的普通高中，办好综合高中，促进高中阶段学校多样化发展？

习近平总书记强调，“坚持高中阶段学校多样化发展”。高中阶段教育是国民教育体系的重要组成部分，在人才培养中起着承上启下的关键作用。促进高中阶段学校多样化发展是满足不同性格禀赋、不同兴趣特长、不同素质潜力的学生成长需要的必由之路，是加强拔尖创新人才自主培养和各类高素质技术技能人才培养的重要举措。近年来，各地积极推进育人方式、办学模式、评价制度等改革，高中阶段学校多样化发展取得积极进展。但同时，仍存在着偏重应试竞争、普职融合不够、优质教育资源短缺、学校办学活力不足等问题。《纲要》提出，“统筹推进市域内高中阶段学校多样化发展，加快扩大普通高中教育资源供给。探索设立一批以科学教育为特色的普通高中，办好综合高中”，进一步明确了未来高中阶段教育发展的重点和方向。

一是设立一批以科学教育为特色的普通高中。引导支持有条件的普通高中学校加强科学技术教育，发挥区位优势，建立与高校、科研院所、科技企业协同育人机制，加强科学和技术类课程体系、设施条件、师资队伍等方面建设，打造特色鲜明的科技类教育项目，形成科技人才培养的办学优势和风格，为科技类拔尖创新人才的成长打下更加坚实的基础。

二是办好综合高中。在不断总结各地实践探索的基础上，完善政策保障体系，通过新建、中职学校转设、中职学校与普通高中合作举办等方式，围绕课程体系、教学方式、师资队伍、考试评价、管理体制等方面进行改革创新，探索实现普职课程互选、学分互认、资源互通的普职融通有效途径，为学生提供更加丰富多样、可供选择的教育。

三是促进高中阶段教育市域协调发展。加强市级统筹，加大对县域普通高中和薄弱高中的支持和帮扶力度，缩小县域、学校之间办学差距，提升每一所学校的育人水平。支持学校结合传统、发扬优势，明确办学定位，优化资源配置，构建富有特色的学校课程体系，形成多样化办学的格局，为学生提供适合的教育，满足不同潜质学生发展需要。

33. 如何深入实施县域普通高中振兴计划？

县域普通高中在推进教育高质量发展和乡村振兴中承担着重要使命，寄托着广大农村学生接受更好教育的美好期盼。其规模占到全国普通高中学校总数的一半以上。办好县域普通高中是加快缩小教育差距、办好人民满意教育的内在要求，是实现教育现代化、建成教育强国的重要基础，对带动县域义务教育优质均衡发展、服务国家乡村振兴和人才发展战略具有重大意义。近年来，国家持续加强县域普通高中建设，2011 年启动实施教育基础薄弱县普通高中建设项目和普通高中改造计划，支持中西部地区扩大普通高中教育资源。2021年，实施“十四五”县域普通高中发展提升行动计划，推动招生管理改革、教师队伍建设、办学薄弱环节改善和教育教学质量提升，实施教育部直属高校县域普通高中托管帮扶工程，组织东部发达地区面向西部国家乡村振兴重点帮扶县开展组团式对口帮扶。目前，县域普通高中发展仍面临资源支持不够、师资队伍薄弱、办学活力不足等突出问题。《纲要》提出，“深入实施县域普通高中振兴计划”。下一步，将重点推进以下工作。

一是优化区域教育资源配置。推动省级教育行政部门根据人口变动，提前布局规划高中教育发展，加快缩小县域普通高中和城区高中办学差距。持续加大县域普通高中投入力度，继续实施改善普通高中学校办学条件补助项目，引导省、市两级加大对薄弱县域普通高中的投入力度。积极推进县域普通高中标准化建设，确保生均公用经费足额按时拨付。

二是加强县域普通高中教师队伍建设。健全完善教师资源统筹使用、动态调配的管理机制。创新教师培养机制，加大教育部直属师范大学公费师范生培养力度，支持各地实施地方师范生公费制度。完善教师激励体系和优待办法，在编制、待遇、职称评聘等方面给予县域普通高中教师更大支持，完善县域普通高中教师能力提升机制，健全教师在职培训和学历提升服务体系，严禁恶意从县域普通高中抢挖教师、校长。

三是激发县域普通高中办学活力。树立科学的教育评价观，扩大学校办学自主权，鼓励县域普通高中创新办学模式和育人机制。进一步规范普通高中招生管理，推动各地全面建立地市级或省级高中阶段学校统一招生录取网络平台，全面落实属地招生和公民同招，坚决杜绝违规跨区域“掐尖”招生。

四是提升县域普通高中育人质量。持续扩大县域普通高中对口帮扶覆盖范围和帮扶效果。通过教研指导、数字化手段等提高县域普通高中落实新课程新教材的能力。推动县域普通高中有效利用国家中小学智慧教育平台提升教育教学质量。

34. 统筹推进“双减”和教育教学质量提升，有哪些新思路新举措？

习近平总书记强调，“要引导家长、学校、社会等各方面提高认识，推动落实好‘双减’工作要求，促进学生全面发展”。“双减”是党中央、国务院作出的重大决策部署。自 2021 年以来，“双减”工作取得重要阶段性进展。教育部牵头建立由20个中央部门组成的“双减”工作专门协调机制，出台《关于进一步减轻义务教育阶段学生作业负担和校外培训负担的意见》的配套文件，形成“1+N”政策制度体系。学科类培训机构大大压减并得到规范，义务教育阶段线下学科类培训机构数量压减97%，线上压减87%，大规模的学科类培训无序发展趋势已经基本得到遏制。义务教育阶段学科类培训收费平均下降四成以上，非学科类培训价格保持总体平稳。群众投诉举报数量大幅下降。开展“阳光招生”专项行动，严禁学校招生与校外培训挂钩，进一步发挥学校主阵地作用，作业管理水平普遍提升，为有需要的学生开设课后服务，有效解决家长“三点半”接送难问题，满足学生多样化发展需求。国家统计局调查显示，学生作业负担和校外培训负担、家长经济和精力负担显著减轻。

习近平总书记指出，“‘双减’政策落地有一个过程，要久久为功”。“双减”工作是一个长期任务，是一项系统工程，要深化巩固、持续推进。《纲要》提出，“统筹推进‘双减’和教育教学质量提升”。坚持标本兼治，统筹提升校内外治理水平，要重点推进以下工作。

一是立足校内，夯实学校主阵地作用。全面提升课堂教学水平，强化核心素养培养，提高课后服务质量，让学生能在校内学足学好。加快推进义务教育优质均衡发展，让群众认可的“好学校”越来越多，逐步缓解家长教育焦虑，不断提升人民群众教育获得感和满意度。

二是严防反弹，规范管理校外培训。坚持校外培训公益属性，依法管理校外培训机构，继续严控学科类培训机构，规范非学科类培训机构，切实减少“卷款跑路”侵害群众利益事件发生，引导校外培训更好回归育人初心，持续巩固校外培训治理成果。

三是统筹兼顾，系统推进综合改革。教育内卷、教育焦虑的根源与中高考竞争性选拔、就业竞争压力，以及传统文化观念等密切相关。要深化中高考改革，加快推进高中阶段学校多样化发展，健全现代职业教育体系，分类推进高校改革发展，使不同潜质学生都能够选择适合自己的教育，使人人都能有出彩机会，培育“三百六十行、行行出状元”的良好氛围。

35. 如何进一步加强科学教育，强化核心素养培育？

习近平总书记强调，“要在教育‘双减’中做好科学教育加法，激发青少年好奇心、想象力、探求欲，培育具备科学家潜质、愿意献身科学研究事业的青少年群体”。科学教育是提升国家科技竞争力、培养创新人才、提高全民科学素质的重要基础。2023年，教育部等十八部门出台《关于加强新时代中小学科学教育工作的意见》，实施“科学家（精神）进校园行动”“科普进万家行动”等一批重点项目，推出“科学公开课”“开讲了 科学课”等近10项精品课程，在全国遴选确定首批125个科学教育实验区、994所实验校，以东中西部协同组织形式开展科学教育实验探索。开展全国中小学生科学素质监测，建立工作联盟，成立专家团队，有针对性地诊断推进工作。

《纲要》提出，“加强科学教育，强化核心素养培育”。下一步，将以中小学STEM教育为牵引，围绕培养体系建设，构建中小学科学教育生态系统，为提升中小学生科学素质、推动创新人才培养、实现高水平科技自立自强夯实根基。

一是深化科学教育教学评价和改革。按照课程方案开齐开足开好科学类课程，聚焦培养学生好奇心、想象力、探求欲和科技报国情怀等，实施启发式、探究式教学，强化并改进实验教学，探索多元评价方式。开展学生科学素质及科学教育质量调查。二是提升科学教育师资水平。推动建立以专职教师为主的科学类课程教师队伍，加强中小学实验员、各级教研部门科学教研员配备，在公费师范生、中西部欠发达地区优秀教师定向培养计划（“优师计划”）、国家优秀中小学教师培养计划（“国优计划”）等项目中提高科学类课程教师培养比例。三是优化拔尖创新人才培养。积极探索拔尖创新人才选拔培养有效模式，建立统筹协调机制，细化支持措施，推进有序实施，提高培养效率。四是用好社会实践大课堂。统筹动员高校、科研院所、科技馆、青少年宫、儿童活动中心、博物馆、文化馆、图书馆、规划展览馆和工农企业等单位，开发适合中小学生的科学教育课程资源和项目，向学生免费开放并提供学习资源。五是强化科学教育条件保障。建立由教育部门牵头、有关部门齐抓共管的科学教育工作机制，落实科学及相关学科教学装备配置标准，保障科学实验设施设备、耗材配备，广泛争取社会资助，加大对薄弱地区、薄弱学校、特殊儿童群体的支持力度，加强对各地各校工作的诊断指导。

针对科学教育各环节存在的堵点、难点、重点，抓好实验区、实验校建设，以学生素养调查和工作诊断结果为依据，有力推动中小学科学教育工作发展，促进中小学生科学类学科学业水平和科学素质稳步提升，力争年年有新变化、有新进展。

36. 如何理解高等教育的战略引领作用？

高等教育发展水平是一个国家发展水平和发展潜力的重要标志。习近平总书记强调，“建设教育强国，龙头是高等教育。放眼全球，任何一个教育强国都是高等教育强国”。这一重要论断明确了高等教育的地位和作用。《纲要》提出，“增强高等教育综合实力，打造战略引领力量”，指明了高等教育改革发展的努力方向，可以从以下三方面理解。

第一，从世界发展大势看，任何一个教育强国都是高等教育强国。纵观人类文明史，世界科学中心更迭、国家经济持续繁荣、人民生活持续向好，都离不开教育、科技、人才的支撑。世界强国无一例外都是高等教育强国、科技强国、人才强国。工业革命以来，工业化推进的历程同时是现代教育建立与完善的进程；大国崛起的进程，更是与人力资源的开发相伴随。世界主要科学和人才中心的变迁规律与高等教育中心的转移方向高度重合。全球先后形成的五个科学和人才中心，包括16世纪的意大利、17世纪的英国、18世纪的法国、19世纪的德国、20世纪的美国，无不与高等教育的变革、科学技术的发展和创新人才的集聚有着广泛而深刻的联系。

第二，从国家发展全局看，高等教育发展水平是一个国家发展水平和发展潜力的重要标志。高等教育承载着人才培养、科学研究、社会服务、文化传承创新、国际交流合作等重要功能，其发展高度某种程度上代表着、决定着国家发展的高度。强大的高等教育是国家经济硬实力、文化软实力、影响巧实力、技术锐实力、科学元实力的关键推动力、主要贡献者和重要发源地，在实现中国式现代化中扮演着不可替代的战略角色，发挥着举足轻重的战略作用。我国已建成世界上规模最大的高等教育体系，2023 年在学总规模达到 4763.19 万人，毛入学率达到 60.2%，高等教育普及化水平进一步提升，整体质量显著提高。

第三，从教育科技人才一体发展看，高等教育是科技第一生产力、人才第一资源、创新第一动力的重要结合点。现代化强国建设离不开教育、科技、人才三要素的支撑。在教育、科技、人才三者中，教育是人才涌现的基础和科技发展的先导。实现高质量发展必须依靠科技不断创新，科技的创新动力来自人才，而源源不断的高素质创新型人才又依赖于高质量现代化教育体系的建设。高等教育位于教育的高端，不仅是科学技术的主要创造者和传播者，也是拔尖创新人才的主要培养者和塑造者。据统计，我国高校建有60%以上的国家重点实验室，承担了80%以上的国家自然科学基金项目；聚集了60%以上的全国高层次人才，高校两院院士在全国院士总数中占比超过40%；获得了60%以上的国家科技三大奖，牵头完成了50%的“中国科学十大进展”；高校智库占我国智库总量的60%以上，有力支撑原始创新能力提升和关键核心技术突破。特别是近年来，我国数百所高校积极投身神舟飞天、北斗组网、羲和逐日、高速铁路、C919大飞机、港珠澳大桥等一系列大国工程，在突破“卡脖子”问题的基础理论和核心技术方面作出了突出贡献。

37. 分类推进高校改革发展的主要考虑是什么?

分类推进高校改革发展，事关高等教育高质量发展和高质量体系建设。近年来，我国高等教育规模不断扩大，2023年高等教育毛入学率达到60.2%，进入普及化阶段。进入新的历史时期，分类推进高校改革发展面临新的要求。党的二十届三中全会《决定》提出“分类推进高校改革”，《纲要》进一步作出部署，对高校改革发展提出了具体要求。主要考虑有以下三个方面。

一是以政策引导明确高校办学定位。按照研究型、应用型、技能型等基本办学定位，区分综合性、特色化基本方向，明确各类高校发展定位，支持理工农医、人文社科、艺术体育等高校差异化发展。突出不同类型高校设置重点和核心要素，发挥资源配置和政策引导作用，引导高校合理定位、内涵发展、办出特色，推动构建更高质量、更加合理的高等教育体系。

二是以分类支持推动高校特色发展。完善分类发展政策体系，修订高校分类设置标准。根据不同类型高校的功能定位、实际贡献、特色优势，构建有针对性支持政策和资源配置激励机制，在办学条件、学位点授权、经费投入等方面分类支持。指导推动央地两级主管部门研究制定分类推进高校改革发展规划，建立完善更具针对性、更有操作性的支持机制，健全完善分类评估体系，引导高校找准定位、找好赛道。

三是以需求牵引优化学科专业类型结构。完善学科专业设置办法和程序，探索建立分类发展机制，推动学科专业动态调整。支持高校及时科学调整专业布局，扩大符合产业规划、就业质量高和贡献力强的专业招生。积极开展体制机制创新，着力培养拔尖创新人才。

38. 实施高等教育综合改革试点有哪些新思路新举措？

习近平总书记强调，“要全面深化教育综合改革，增强教育改革的系统性、整体性、协同性”。高等教育综合改革试点工作是发挥高等教育“龙头”作用、加快建设教育强国的重要举措，是助力建设社会主义现代化强国、培育发展新质生产力的关键支撑。党的二十大以来，聚焦服务中国式现代化，牢牢把握立德树人根本任务，以有效应对科技创新深刻变革、学科专业建设布局深刻变革、拔尖创新人才培养模式深刻变革为重点，着力塑造自强卓越的高等教育体系、创新牵引的科技支撑体系和开放互鉴的国际合作体系，打造高等教育战略先导力量。在构建立德树人新格局、全面提升拔尖创新人才自主培养质量、提升高校创新效能、增强高等教育与经济社会需求契合度、提升高等教育贡献力和国际影响力等方面取得一系列积极进展。面对新形势新要求，高等教育的类型、结构、层次、质量和能力还不完全适应中国式现代化的实践需求，适应新一轮科技革命和产业变革、深化各领域综合改革的主动性、前瞻性和革新力度有待提升，应对国际形势新变化的能力有待加强，与建设教育强国、发挥高等教育龙头作用的迫切要求还不适应。《纲要》提出“实施高等教育综合改革试点”，将从以下五方面深入推进。

一是聚焦立德树人根本任务，统筹育人资源、要素、阵地等系统改革。实施立德树人机制综合改革，完善用习近平新时代中国特色社会主义思想铸魂育人的工作机制。加强党的创新理论体系化学理化研究阐释和成果应用，加快完成哲学社会科学原创性教材建设 29 个一级学科总体布局，推进“中国系列”教材建设。拓展文化育人、实践育人、网络育人阵地。健全师德师风长效机制。

二是聚焦塑造战略先导力量，推动高水平人才培养和高水平科技突破相互支撑、联动发展。面向战略急需和新兴领域，探索国家拔尖创新人才培养新模式，健全大中小学拔尖创新人才贯通培养体系，实施基础学科与交叉学科突破计划，完成全国高校区域技术转移转化中心总体布局，实施人工智能赋能高等教育改革创新试点等。

三是聚焦精准服务高质量发展，健全人才供需适配机制和学科专业联动调整机制。启动建设国家人才供需对接大数据平台，完善人才需求预测预警机制，加强学科专业联动调整，超常布局急需学科专业。稳步发展职业本科教育，拓宽“高精尖缺”等高技能人才培养新通道等。

四是聚焦建立自强卓越的高等教育体系，形成以“双一流”建设为引领、以分类发展为基础的发展格局。自主科学确定“双一流”标准，深入实施一流学科培优行动，深化博士研究生教育改革。建立健全分类推进高校改革发展的体制机制，完善分类评价和保障激励机制，深化新时代高校评估改革等。

五是聚焦提升国际影响力，打造高等教育国际合作新体系。建设“留学中国”品牌，实施中外教育国际合作新型平台建设试点，鼓励国外高水平理工类大学来华合作办学等。

39. 优化高等教育布局的主要思路和举措是什么？

党的十八大以来，我国高等教育毛入学率和在学总规模持续“双增长”，已建成世界上规模最大的高等教育体系。截至 2023 年，全国各类高等院校共 3074 所，其中普通本科高校 1242 所，职业本专科学校 1580 所。但高等教育在布局结构等方面还存在一些问题。随着适龄人口洪峰逼近，学位供给矛盾日渐凸显；东中西部高等教育资源布局、专本硕博结构需要进一步优化。围绕

2035年建成教育强国的目标任务，党的二十届三中全会《决定》提出“优化高等教育布局”，《纲要》对此作出具体部署。

优化高等教育布局的主要思路是：准确把握高等教育的服务面向、阶段特征、时代要求和发展规律，通过统筹资源配置、合理调控规模、严把设置质量，推动高等教育扩大资源供给，推进结构调整，促进布局优化。重点要做好以下几方面工作。

一是稳步扩大高等教育办学规模。结合国家战略规划、经济社会发展、人口规模变化、科学技术创新等实际情况，新建部分国家战略急需学校，优先考虑理工农医类高校；建强应用型本科学校，稳步发展本科层次职业学校。支持高校改善学生宿舍等办学条件，推进办学资源紧张的优质高校改善办学条件、扩大办学规模。有序扩大优质本科教育招生规模，扩大研究生培养规模，稳步提高博士研究生占比，大力发展专业学位研究生教育。

二是切实优化高等学校类型结构。聚焦创新型国家建设、产业布局和区域发展的战略需要，适度扩大高水平大学设置规模，鼓励国外高水平理工类大学来华合作办学，有效扩大优质高等教育资源供给。高标准设置高职专科学校。

三是着力推进高等教育区域布局优化。新增高等教育资源向中西部地区、革命老区、民族地区、人口流入地区和人口大省倾斜，注重资源与人口协调发展。支持部省合建高校加快发展，优化省部共建高校区域布局。适度支持优质高校在省域内高等教育薄弱地区建设异地校区。支持各地结合区域产业结构，秉持高等教育布局差异化优化策略，推动高等教育结构要素组合，有力支撑产业转型升级。

40. 加快建设中国特色、世界一流的大学和优势学科，主要思路和举措是什么？

习近平总书记强调，“要把加快建设中国特色、世界一流的大学和优势学科作为重中之重，大力加强基础学科、新兴学科、交叉学科建设”。经过不懈努力，世界一流大学和一流学科建设（以下简称“双一流”建设）取得预期成效，我国高质量“双一流”建设体系基本形成，若干高校和学科逐步进入世界一流前列，一批高校和学科逐步进入世界一流行列。党的二十届三中全会《决定》提出“加快建设中国特色、世界一流的大学和优势学科”，《纲要》进一步作出具体部署。

进入新发展阶段，“双一流”建设要坚持以中国特色、世界一流为核心，坚持以改革促发展、以开放筑环境、以贡献强支撑、以重点带全局，通过各方协同发力，牢牢抓住人才培养这个关键，更加突出培养一流人才、服务国家战略需求、争创世界一流的导向。要着力推进以下工作。

一是加快打造一流大学方阵。对接国家重大战略，聚焦优势学科适度扩大“双一流”建设范围，动态调整建设高校和建设学科。实施高等教育综合改革试点，放权一批“双一流”建设高校深化改革，充分激发办学活力，有效提升办学能力。完善以质量、特色、贡献为导向的“双一流”建设监测评价体系，探索分类管理、分类评价，引领特色发展、争创一流。优化资源配置方式，健全中央、地方、企业、社会多元协同投入长效机制。稳步加大中央财政引导专项和中央预算内基础设施建设投资力度，强化精准支持，突出绩效导向。巩固扩大地方政府综合支持力度，鼓励地方政府为“双一流”建设创造优良环境。引导建设高校主动对接经济社会高质量发展和产业创新升级需求，开辟多元筹资渠道，积极争取社会资源。

二是加快打造优势学科群体。持续加强基础学科、新兴学科、交叉学科建设，建强数理化生国家高层次人才培养中心、学科交叉中心，创新学科建设机制，促进学科交叉融合。深入实施一流学科培优行动，创新多渠道发现机制，强化重大进展监测和专家咨询，逐步打造一批在领域方向上达到国际顶尖水平，在服务国家重大战略、支撑高水平科技自立自强、构建自主知识体系中发挥关键作用的学科标杆。完善急需学科专业引导发展清单，加快布局国家急需学科，支持濒危和冷门学科，引导建设高校快速响应国家重大需求。

三是加快打造高层次人才自主培养高地。强化人才培养核心地位，以博士研究生教育改革为牵引，打造具有全球影响力的博士研究生教育体系。深入推进科教融汇、产教融合，促进人工智能技术有机融入教育教学，打造一流核心课程、教材、实践项目和师资团队。落实国家基础学科拔尖人才培养战略行动，在集成电路、人工智能、网络安全、量子科技、生命健康、能源等跨学科领域，加快培养国家急需高层次人才。加强高素质教师队伍建设，鼓励和支持高校持续做好海外引才工作，发挥归国科研人员资源优势，与发达国家高水平科研机构学者加强联络交流，加快建设世界重要人才中心。

41. 如何理解自主科学确定“双一流”标准，聚焦优势学科适度扩大“双一流”建设范围？

一流大学和一流学科是人才培养质量、科学研究水平高，社会服务贡献力、国际影响力、文化传承创新力强的综合体现。目前，世界范围内较多采用学术发表等显性量化指标来衡量高校和学科的学术影响力，在全面反映高校综合实力、体现不同国家特点和不同类型学科特色优势等方面存在局限性。“双一流”建设以来，确定了入选认定标准，主要考虑高校办学条件、学科水平、办学质量、主要贡献和国际影响，同时明确了以质量、特色、贡献为导向的成效评价标准。党的二十届三中全会《决定》提出，“加快建设中国特色、世界一流的大学和优势学科”。《纲要》提出，“围绕中国式现代化的本质要求，自主科学确定‘双一流’标准，聚焦优势学科适度扩大‘双一流’建设范围”，进一步发挥标准的导向作用，为加快建设中国特色、世界一流的大学和优势学科指引方向、指明道路、保驾护航。

自主科学确定“双一流”标准，一是体现“自主”，即以我为主，坚持中国特色，坚定制度自信，探索构建符合中国国情、体现中国特色的“双一流”标准。二是体现“科学”，即把人才培养质量作为最重要指标，根据高校和学科特点，分类构建多元多维的“双一流”标准。三是体现“一流”，即要注重国际影响力的拓展与国际认可度的提升，为世界讲好中国故事、贡献中国智慧。“双一流”标准主要体现在两个方面：一是一流大学标准要突出对世界科技前沿、国家重大需求、经济社会高质量发展的贡献力，彰显中国特色、世界一流大学的引领力，提升中国高等教育的国际竞争力和吸引力，对国内其他高校的发展建设发挥引领示范作用。二是一流学科标准要根据不同类型学科特点分类设置，对基础学科突出原始创新贡献和国际可比性，对应用学科突出服务需求贡献，对哲学社会科学突出构建中国自主知识体系贡献，为高校优势学科的特色化、差异化发展提供指导。

聚焦优势学科适度扩大“双一流”建设范围，是建设高质量高等教育体系的新任务，也是扩大优质资源供给的新要求。一是“双一流”建设面临着新形势新要求，需要更多高水平大学和优势特色学科在服务国家重大战略需求、推动经济社会高质量发展方面发挥重要支撑作用，在若干重点领域仍需继续补强。二是随着人口结构变化，我国高等教育适龄人口一段时期内仍将持续增加，人民群众对优质高等教育资源的需求日益增长，有待于进一步发挥“双一流”建设的引领带动作用，扩大全国优质高等教育资源覆盖范围。三是在多方协同支持和高校加大建设投入的条件下，部分学科水平显著提升，逐步具备冲击世界一流的潜力，有待于借助“双一流”建设的支持实现跨越式发展。

面向2035年建成教育强国目标，要进一步加大“双一流”建设力度，综合高校和学科建设水平，坚持质量、特色、贡献导向，聚焦优势特色学科，适度增加“双一流”建设高校和建设学科，推动高水平大学充分发挥特色优势，聚焦服务国家和区域发展重大需求，不断提高人才培养质量和科学研究水平，逐步壮大一流大学方阵和优势学科群体，带动我国高等教育体系水平整体提升，为以教育强国建设支撑引领中国式现代化奠定坚实基础。

42. 如何建立科技发展、国家战略需求牵引的学科设置调整机制和人才培养模式？

习近平总书记强调，要“系统分析我国各方面人才发展趋势及缺口情况，根据科学技术发展态势，聚焦国家重大战略需求，动态调整优化高等教育学科设置”。党的二十届三中全会《决定》提出，“建立科技发展、国家战略需求牵引的学科设置调整机制和人才培养模式”，《纲要》对此进行了深化部署。

对标2035年建成教育强国、科技强国和人才强国的战略目标，要坚持守正创新、先立后破，尊重规律、超前布局，不断提升学科专业设置与人才培养、国家战略需求、科技发展的匹配度，及时培养中国式现代化需要的各类人才。要重点推进以下工作。

一是科学研判人才需求。适应新一轮科技革命和产业变革，系统分析我国各方面人才发展趋势及缺口状况，根据科学技术发展态势，聚焦国家重大战略需求。建设国家人才供需对接大数据平台，广泛汇聚全社会、各部门的数据资源，运用大数据分析和人工智能技术等，对重点领域、重要行业进行人才需求预测分析。同时，推动各地区、各有关部门和单位定期编制发布分层次分类型分领域人才需求报告和人才需求目录，建设人才需求数据库。加强多部门统筹联动，教育部门会同行业产业部门定期研究学科专业设置的重大事项，依据科技和产业发展，研判确定新兴学科专业建设方向，及时发布急需学科专业清单。

二是调整优化学科专业设置。遵循学科专业建设规律分类推进精准施策。对服务国家重大战略、需求激增的学科专业，重点是提升学科专业快速响应能力；对面向科技前沿和未来产业、需求具有一定不确定性的学科专业，重点是实现学科专业适度超前布局；对人才需求相对稳定的学科专业，重点是重塑学科专业内涵、提升建设质量。完善学科专业目录快速响应机制，突出知识逻辑与需求导向并重，开辟快速响应通道，将支撑科技发展、重大战略需求、自主知识体系构建的关键领域，及时转化为新的学科专业并纳入目录。加快急需学科专业超常布局，瞄准战略性新兴产业、未来产业，超常布局学科专业。引导各省份围绕主导产业调整优化学科专业，更好支撑区域经济社会发展需求。探索职普融通新机制试点。深入实施基础学科和交叉学科突破计划，高标准建设数理化生国家高层次人才培养中心、示范性学科交叉中心，开展跨学科、跨领域协同攻关，打造卓越学科专业集群。聚焦优势学科方向，深入实施一流学科培优行动。深入实施一流本科专业建设“双万计划”，优化实施高水平高等职业学校和专业建设计划，建强职业教育市域产教联合体、行业产教融合共同体等。

三是创新人才培养模式。完善“大思政课”体系，坚持不懈用习近平新时代中国特色社会主义思想铸魂育人，引导广大学生努力成为让党放心、爱国奉献、担当民族复兴重任的时代新人。贯彻落实《中华人民共和国学位法》，深入推进学术学位和专业学位分类发展，强化两类学位定位、标准、招生、培养、评价、师资等环节的差异化要求，持续完善分类培养链条。强化科教融汇、产教融合，聚焦国家重大战略急需人才培养，打破校内、校际、校企、校地之间的壁垒，建好国家卓越工程师学院、国家集成电路学院、高等研究院、全国高校区域技术转移转化中心等新型人才培养平台，打造中国特色卓越工程师培养认证标准体系，向相关领域、相关国家或地区辐射推广。支持企业全链条参与培养方案、招生、课程、教材、导师、评价等培养要素建设，充分释放科研机构和高能级创新平台的育人潜能。

43. 如何实施一流学科培优行动？

一流学科培优行动是深入推进“双一流”建设的创新举措。2022 年，教育部等三部门《关于深入推进世界一流大学和一流学科建设的若干意见》明确提出“实施‘一流学科培优行动’”。《纲要》进一步强调，“实施一流学科培优行动，推动学科融合发展，超常布局急需学科专业，加强基础学科、新兴学科、交叉学科建设，支持濒危学科和冷门学科”。一流学科培优行动将构建“发现—扶植—服务”机制，有组织、大力度地支持一批学科在优势方向上尽快突破，加快打造中国特色、世界一流的优势学科群体。

一是坚持以服务国家为根本。聚焦国家重大战略需求，针对战略新兴产业、传承弘扬中华优秀传统文化以及治国理政新领域新方向，支持关键领域核心技术攻关，着力破解“卡脖子”难题，加快构建具有中国特色、中国风格、中国气派的哲学社会科学，讲好中国故事，传播好中国声音。瞄准国家“高精尖缺”领域，加大急需人才培养力度，扩大相关学科领域高层次人才培养规模，优化面向需求的育人机制，促进高校、产业、平台等融合育人，打造前沿科技领域战略科学家、哲学社会科学领军人才和卓越工程师成长的主要基地。

二是坚持以世界一流为目标。聚焦世界科技和学术前沿，持续加大数理化生等基础学科建设力度，加强重点领域基础研究前瞻布局，争取实现更多“从0到1”原始创新突破，在国际可比领域加快实现学科水平从“跟跑”到“并跑”再到“领跑”的飞跃，打造国际学术标杆，发挥引领示范作用。

三是坚持以突破方向为重点。牢牢把握需求导向、任务导向，探索打破一级学科口径，鼓励多学科交叉，聚焦学科短期内有望实现重大突破、作出重大贡献的具体方向，引导高校凝练优势特色，着力锻造学科“长板”，坚持特色发展、高质量建设，形成差异化竞争优势。

四是坚持以实际贡献为标准。不在“双一流”建设学科中划分新的层次，通过动态监测、部门推荐、高校自荐等方式，对符合条件的优势学科方向及时进行专家咨询，加强发现和培育，压实建设责任，着力引导学科为推动原始创新能力提升、支撑高水平科技自立自强、构建自主知识体系作出实质性贡献。

44. 深化博士研究生教育改革有哪些具体举措？

习近平总书记强调，“党和国家事业发展迫切需要培养造就大批德才兼备的高层次人才”。博士研究生教育作为国民教育最高层次，是拔尖创新人才自主培养的主渠道，是国家创新体系的关键支撑和战略资源，在培养创新人才、提高创新能力、服务经济社会发展、推进国家治理体系和治理能力现代化方面具有重要作用。党的十八大以来，我国博士毕业生人数由2012年的5.17万人上升到2023年的8.71万人，增幅达68.47%。同时，我国博士研究生教育质量还有待提升，对突破“卡脖子”技术的支撑力不够。《纲要》提出，要“深化博士研究生教育改革”，对博士研究生教育提出新的要求。

一是强化国家战略人才培养前瞻布局。聚焦国家战略需求，动态调整学科专业布局，优化资源配置，支持部分高水平大学自主设置学科专业，有的放矢培养国家战略人才和急需紧缺人才。加快新兴学科、交叉学科学位授权点布局，重点支持直接服务重大战略的关键领域，稳定理工农医学科博士点所占比例。优化招生计划结构，进一步向STEM领域倾斜，大力发展博士专业学位教育，增加高层次人才培养的针对性。

二是打造更高质量人才培养体系。以博士研究生党建为抓手，以构建新型导学关系为突破口，引导构建和谐导学关系，加强博士研究生导学思政工作，建立健全导师、辅导员、思想政治理论课教师和党团组织协同配合的博士研究生思想政治教育体系。布局建设一批具有基础性、前沿性、交叉性、挑战性以及与专业技术岗位适配的课程教材，实施数智赋能的博士研究生教育教学改革行动。强化关键领域人才培养基地建设，加强数理化生国家高层次人才培养中心、学科交叉中心建设。强化产教融合，调动高校和企业积极性，加强国家卓越工程师学院建设，引领工程技术人才培养范式变革。强化全过程质量管理体系建设，组织研制博士研究生资格考试指导文件。

三是不断完善博士研究生教育评价体系。坚决克服“唯论文”的顽瘴痼疾，构建符合博士研究生全面成长规律的评价体系，推进授权、培养和评价一体化设计，引导学术学位与专业学位分类发展，分类制定博士学位论文基本要求。探索开展博士学位论文抽检“绿色通道”试点，支持高水平大学建设博士研究生教育保障共同体。

四是建设高水平博士研究生导师队伍。把师德师风放在首要位置，培育弘扬教育家精神、科学家精神，持续塑造党建引领“大先生”涵育的良好生态。完善导师遴选和指导机制，以落实立德树人为根本任务，建立健全校内外导师遴选机制和导师联合指导机制。布局建设一批研究生导师发展中心，完善国家典型示范、省级重点保障、培养单位全覆盖的三级培训体系。加快推进研究生导师库建设。

五是拓展深化协同育人机制。充分发挥各部门资源配置和责任主体作用，推动教育链、人才链、创新链、产业链匹配衔接。落实完善差异化生均拨款动态调整机制，加大对国家战略人才和急需紧缺人才培养的支持力度。完善国家实验室、国家科研机构、高水平研究型大学和新型研究型大学、新型研发机构协同培养博士研究生新机制。建设一批开放式的高等研究院和产教融合研究生联合培养基地。支持国家社会科学基金、国家自然科学基金直接资助博士研究生开展创新研究。加强就业指导，探索提前签订就业协议机制，建立博士研究生职业发展追踪反馈机制。

六是深化创新国际交流合作。优化国家公派出国留学布局，加大选派力度，完善资助方式，扩大高校选派自主权。支持高水平研究型大学提出并牵头组织国际大科学计划和大科学工程，设立跨境博士研究生教育机构、海外校区、合作研究中心，加强与全球顶尖大学和科研机构的交流合作。重点支持高水平研究型大学举办理工农医类学科专业国际夏令营，探索建设国际化人才培养试验区。加强“留学中国”品牌和能力建设，指导部分高水平大学开展“高水平高校联合考试招收培养攻读博士学位外国留学生”专项试点工作。

45. 如何鼓励国外高水平理工类大学来华合作办学？

习近平总书记强调，“要扩大教育开放，同世界一流资源开展高水平合作办学”。吸引国（境）外高水平大学，尤其是理工类大学来华开展合作办学，是扩大中国教育对外开放的重要举措，也是促进中外人文交流的有效渠道，在丰富优质教育资源供给、满足社会多样化教育需求、创新人才培养模式、推动教育综合改革等方面具有重要意义。中外合作办学是中国教育体系的有机组成部分。近三十年来，中外高校以合作办学为依托，融通中外优秀办学理念，培育国际化创新型人才；以合作办学为牵引，推动师生往来和人文交流，增进中外青年之间的理解认同，为推进教育国际合作与中外人文交流发挥了积极作用。截至 2024 年，经教育部审批的本科以上中外合作办学机构和项目共 1500 余个，涵盖 12 大学科门类中的 200 多个专业，涉及境内 700 余所高校与境外 40 个国家和地区的 1000 余所高校，其中既包括世界知名高校，也包括理工类特色院校。

当前，新一轮科技革命和产业变革正在加速演变，给全球教育带来全新挑战和机遇。世界各国比以往任何时候都更需要加强教育合作，共同培养能够适应时代变化、应对未来挑战的国际化创新型人才。与此同时，中国教育已经由规模扩张阶段转向高质量发展阶段，高质量发展正成为各级各类教育，包括中外合作办学的生命线。面对新形势新发展，中国政府愿以更加开放的姿态，吸引优质教育资源不断流动汇聚，支持鼓励国外高水平院校，尤其是理工类大学通过强强联合、优势互补等方式来华开展高质量合作办学，与中国合作伙伴携手努力，推动国际化人才培养，提升师资队伍水平，扩大国际学术交流，打造国际合作平台，为探索应对人类共同挑战贡献智慧和力量。党的二十届三中全会《决定》明确提出，“鼓励国外高水平理工类大学来华合作办学”。《纲要》对此作出进一步部署。

下一步，将深入推动教育对外开放，统筹做好“引进来”这篇大文章，吸引更多国外高水平院校，尤其是理工类大学来华合作办学。一是优化政策环境，探索管理制度改革创新，引入竞争机制，充分激发办学活力，增强合作办学内生动力。二是加强宏观统筹，围绕教育强国建设总体要求，做好顶层设计和长远规划，进一步明确办学目标定位，推动办学内涵建设，促进中外合作办学从快速发展向高质量发展转变。三是扩大对外宣传，让更多境外高校充分认识中国扩大教育对外开放的坚定承诺，以及支持高水平院校来华办学的政策导向，鼓励中外高校以交流促合作，以合作促发展。四是搭建交流共享平台，以合作办学为纽带，促进中外师生特别是青年学生学者交流互访，推动务实合作，促进人文交流，增进民心相通。

46. 完善拔尖创新人才发现和培养机制的主要思路是什么？

习近平总书记强调，“全面提高人才自主培养质量，着力造就拔尖创新人才”。拔尖创新人才是促进和提升国家核心竞争能力最重要的战略资源，是实现高水平科技自立自强的重要支撑。按照发展新质生产力要求，畅通教育、科技、人才良性循环，加快构建高质量拔尖创新人才自主培养体系是建成教育强国、建成世界重要人才中心和创新高地的关键一招、破题之举。

党的十八大以来，我国通过积极开展一系列探索实践，初步形成拔尖创新人才选拔培养模式。一是在选拔上强化“多渠道”，助力拔尖人才脱颖而出。推进基础教育与高等教育衔接，推进高校和中学联合实施“中学生英才计划”，深入实施“强基计划”，持续探索各类人才选拔试点项目，完善拔尖人才早期发现和选拔机制。二是在培养上突出“高质量”，加快培养国家急需紧缺人才。深入实施国家基础学科拔尖人才培养战略行动，建设基础学科拔尖学生培养基地。聚焦战略急需和新兴领域，深度对接科技和产业前沿，汇聚头部高校、企业和科研机构力量，培养高水平实战人才。探索国家拔尖创新人才培养新模式，在科学研究的最前沿培养拔尖人才，用大师培养未来的大师。三是在支持上强化“长周期”，健全拔尖人才评价保障机制。推动高校设立“破五唯”、长周期的评价指标，突出能力、素质导向，注重标志性成果的质量、贡献、影响，运用人工智能等技术创新人才评价方式。

当前，与教育强国、科技强国、人才强国建设的要求相比，我国人才培养与科技创新供需不匹配的结构性矛盾比较突出，基础研究人才队伍仍有明显短板，拔尖创新人才没有形成规模，早期发现和选拔机制还不够完善，成长环境和培养机制有待优化。下一步，将聚焦世界科技前沿和国家重大战略需求，稳步推进相关改革试点项目，从发现、选拔、培养和评价全过程系统推进拔尖创新人才培养，构建学段衔接的拔尖创新人才培养机制和培养体系。一是探索国家拔尖创新人才培养新模式，重点在战略急需和未来新兴领域实施的拔尖创新人才培养模式上进行创新性探索，在师资队伍、培养模式、资源配置、评价标准、组织架构等方面深化改革，打造拔尖创新人才培养新高地。二是着力加强创新能力培养，面向所有中小学生实施科学素养培育“沃土计划”，面向具有创新潜质的高中学生实施“脱颖计划”，深入实施“强基计划”“基础学科拔尖学生培养计划”等，加强招生培养评价一体化建设,促进拔尖创新人才早发现、早培养、早使用。三是完善选拔评价方式，加强对学生关键能力、学科素养和思维品质考查，重点考查学生解决问题能力，选拔培养有志于长期从事基础研究的后备力量。四是优化人才培养方式，配备一流的师资，提供一流的学习和科研条件，创造一流的学术环境与氛围。加强大师引领，引导战略科学家、院士等顶尖专家深度参与，使招生工作与人才培养、科研工作等有机衔接。完善本硕博衔接的长周期培养体系，为重大科研攻关培养后备力量。五是建立监测反馈机制，开展拔尖创新人才项目跟踪评价研究，制定跟踪评价框架及指标体系，建立拔尖创新人才成长专项数据库，开展多维度对比分析，加强过程动态反馈，不断提升选拔评价质量。

47. 深化新工科、新医科、新农科、新文科建设的主要举措是什么?

习近平总书记强调，“要用好学科交叉融合的‘催化剂’，加强基础学科培养能力，打破学科专业壁垒，对现有学科专业体系进行调整升级，瞄准科技前沿和关键领域，推进新工科、新医科、新农科、新文科建设，加快培养紧缺人才”。新工科是主动应对新一轮科技革命和产业变革的“先手棋”，新医科是构筑健康中国的重要基础，新农科是支撑农业强国、美丽中国的重要抓手，新文科是发展社会主义先进文化的重要载体。深化“四新”建设是全面提高人才培养质量、增强高校服务经济社会发展能力和发展新质生产力的重要举措。

近年来，国家按照“新专业建设、专业建设新要求、交叉融合再创新”的思路，体系化推进“四新”建设，形成2857个研究与改革实践项目。在此基础上，《纲要》提出“深化新工科、新医科、新农科、新文科建设”的新要求。下一步，将聚焦国家重大战略需求，动态调整优化高等教育学科专业设置，面向解决现实问题，建立交叉学科发展引导机制，深化学科交叉融合，加强跨学科协同创新，有的放矢培养国家战略人才和急需紧缺人才。

一是深化组织模式创新。改造升级传统专业，发展新兴专业，支持高校新设一批文理工农医类学科交叉融合的新兴专业、交叉专业，设置双学位、主辅修、联合学士学位人才培养项目，打造跨院系、跨学科、跨知识领域的复合型课程。建设未来技术学院、现代产业学院、特色化示范性软件学院及高水平公共卫生学院等一批新型二级学院与特色人才培养基地。对标农业新质生产力发展要求，布局建设未来农业学院，推动以重大项目为牵引的人才培养体系构建与模式创新。

二是深化培养机制创新。深化产教融合、科教融汇，加快建设中国特色、世界水平的高质量工程教育体系。面向关键紧缺领域布局建设国家产教融合创新平台，以高水平科研支撑高质量人才培养。进一步深化医教协同加强临床医学人才培养，实施国家卓越医师人才培养计划，改革完善医学教育评价标准、培养模式、协同机制，加强复合型医学人才培养，积极探索“医学+X”等多学科背景人才培养路径，强化附属医院临床教学职能，强化普通高等医学教育临床教学基地建设和管理。开展“一省一校一院”农科教融汇协同育人，深入开展实战型文科拔尖人才协同培养创新基地建设，强化高校和实务部门合作，提升学生实践力和“成才率”。

三是深化内容方式创新。深入实施基础学科、新医科新农科系列“101计划”，建强一流核心课程、核心教材、核心师资、核心实践项目。常态化实施中国新闻传播、中国法治实务、中国经济、中国艺术“四大讲堂”，研制文科本科专业类教学要点，有机融入中国革命、建设、改革和新时代党的创新理论与实践经验。依托虚拟教研室、数字教师、智慧教育大模型等，探索数字赋能大规模因材施教、创新性教学的有效途径。

48. 构建中国哲学社会科学自主知识体系的主要思路和举措是什么？

习近平总书记强调，“加快构建中国特色哲学社会科学，归根结底是建构中国自主的知识体系”。建构中国自主的知识体系是体现哲学社会科学中国特色、中国风格、中国气派的必然要求，是坚定“四个自信”的必然要求，是回答中国之问、世界之问、人民之问、时代之问的必然要求，是使中国特色哲学社会科学真正屹立于世界学术之林的必然要求。《纲要》进一步明确提出了“构建中国哲学社会科学自主知识体系”的重要任务。

对标《纲要》要求，需要深入实施创新马克思主义理论研究和建设工程、哲学社会科学创新工程，加快构建中国自主教材体系，推动哲学社会科学创新平台和创新团队建设，深入推进哲学社会科学研究评价改革，调整优化哲学社会科学学科专业结构，持续推动新文科建设，加快构建中国哲学社会科学自主知识体系。

一是分学科推进哲学社会科学自主知识体系构建。聚焦中国式现代化建设重大理论和实践问题，以党的创新理论引领哲学社会科学知识创新、理论创新、方法创新，构建以各学科标识性概念、原创性理论为主干的自主知识体系。实施习近平新时代中国特色社会主义思想研究、中国特色哲学社会科学研究两类重大专项，加快自主知识体系构建。强化两类重大专项之间的协同联动，将习近平新时代中国特色社会主义思想的世界观方法论内化为各学科专业的基础理论、知识体系和基本方法，整合复合型、高水平研究团队，分学科建设若干自主知识体系研究学术共同体。加快推进党的创新理论研究阐释和成果应用体系、哲学社会科学学术体系、中国自主教材体系、学科建设与教学培养体系、实践育人体系、国际学术交流合作体系六大体系一体贯通的总体格局，推进理论研究成果及时转化为教育教学资源。

二是打造哲学社会科学创新平台矩阵。围绕提升有组织科研的质量和水平，强化系统性思维方式、交叉性研究范式、集成性建设模式，打造学会、协会、期刊、论坛等互为支撑、一体联动的新格局。发挥教育系统习近平新时代中国特色社会主义思想研究中心（院）引领带动作用，更好聚合全国高校理论研究力量。优化升级人文社会科学重点研究基地，形成服务强国建设、民族复兴的知识创新和战略研究高地。建强哲学社会科学实验室和创新团队，促进学科交叉和数智赋能。促进智库资源与经济产业、地方发展、国际合作紧密结合。提升铸牢中华民族共同体意识研究基地、国家革命文物协同研究中心等研究平台系统的支撑力。

三是加大哲学社会科学人才自主培养力度。优化学科专业结构，强化科技教育和人文教育协同，推动文科与理工农医文不同学科专业交叉融合，推动传统文科专业改造升级，推动文科专业数字化改造。研制文科本科专业类教学要点，系统梳理新时代对文科人才的新要求，将中国革命、建设、改革和新时代党的创新理论与实践经验有机融入，探索文科类专业知识图谱、能力图谱、素质图谱。加强基础文科人才培养，指导文史哲经基础学科拔尖学生培养基地明确人才培养“主攻点”，尽快实现“点”上突破；加快经济学、哲学领域“101 计划”，打造核心课程、核心教材、核心实践项目和核心教学团队。加强实战型文科拔尖人才协同培养创新基地建设，强化高校和实务部门产教融合深度协同，培养实战型复合型文科拔尖创新人才，提升学生实践力，提高学生“成才率”。将数字技术最新发展融入文科人才培养，推动数字技术与新文科人才培养双向互促发展。

49. 如何理解高校在支撑高水平科技自立自强中的重要作用？

习近平总书记强调，“建设教育强国，是全面建成社会主义现代化强国的战略先导，是实现高水平科技自立自强的重要支撑”。世界科技强国竞争，比拼的是国家战略科技力量。高水平研究型大学是国家战略科技力量的重要组成部分，要自觉履行高水平科技自立自强的使命担当。在 2023 年度国家科学技术奖励中，高校包揽两项国家最高科学技术奖，牵头获得的国家自然科学奖、技术发明奖、科技进步奖分别占总数的 75.5%、75.6%、56.5%，充分表明高校作为国家基础研究的主力军、重大科技突破的策源地和拔尖创新人才培养的主阵地，在国家创新体系中不可替代的重要作用。《纲要》提出，“培育壮大国家战略科技力量，有力支撑高水平科技自立自强”，进一步明确了高校在加快推进教育强国、科技强国建设中的重点任务。

一是在提升基础研究和原始创新能力上下功夫，持续产出重大原创性、颠覆性科技成果。近年来，高校原创性、颠覆性科技成果不断涌现，例如，国家最高科学技术奖获得者薛其坤团队观测到量子反常霍尔效应，2023 年斩获凝聚态物理最高奖“巴克利奖”；南开大学周其林团队“高效手性螺环催化剂的发现”，解决了困扰不对称催化领域半个多世纪的难题，获得国家自然科学奖一等奖。下一步，要着力提升基础研究的组织化程度，打破学科院系与校际壁垒，从国家战略需求中凝练重大科技问题，持续产出原创性、颠覆性科技创新成果。

二是在关键核心技术攻关上作贡献，有力支撑高质量发展和高水平安全。高校坚持从国家急迫需要和长远需求出发，在神舟飞天、北斗组网、羲和逐日、高速铁路、C919大飞机、港珠澳大桥等一系列大国工程中，在突破“卡脖子”问题的基础理论和核心技术方面作出了突出贡献。下一步，要坚持问题导向，针对最紧急、最紧迫的问题，努力打造战略性新兴产业和未来产业增长点，同时着力提升高校科技成果转移转化效能，让更多科技成果尽快转化为现实生产力。

三是致力于塑造强大的拔尖创新人才自主培养能力，不断培育壮大国家战略人才力量。经过长期努力，目前高校已经拥有全国规模最大的优秀创新人才群体，2023年新增两院院士占比近60%。下一步，要根据科技发展新趋势，建立科技发展、国家战略需求牵引的学科设置调整机制和人才培养模式。实施“强基计划”和基础学科拔尖人才培养计划，超常布局急需学科专业，有的放矢培养国家战略人才和急需紧缺人才。汇聚高水平研究型大学、头部企业和国家实验室力量，共同推进人才培养专区建设，着力培养造就卓越工程师、大国工匠、高技能人才。

50. 实施基础学科和交叉学科突破计划的主要考虑是什么？

实施基础学科和交叉学科突破计划，是教育系统立足高水平研究型大学作为国家战略科技力量的使命定位，发挥高校教育、科技、人才结合点的独特优势，打破学科发展的路径依赖，推进教育科技人才体制机制一体改革的重大举措。

当前，各类风险挑战交织，新一轮科技革命和产业变革深入发展，对经济社会高质量发展产生重大影响。《纲要》提出，“实施基础学科和交叉学科突破计划”，主要思路和举措有以下三方面。

一是集结头部高校集群优势力量。通过科技创新、人才培养、学科发展“三位一体”的项目设计和实施，建立科技创新与人才培养相互支撑、带动学科高质量发展的有效机制。创建前沿交叉领域人才培养新模式，形成国家优势学科集群，加快催生新兴学科和交叉学科，实现主干根技术源头创新、重大基础理论研究和培养“一顶一”“掰手腕”人才的突破。推进重大成果转化应用，畅通科技、教育、人才的良性循环，培育发展新质生产力的新动能。

二是打造最核心、最根本的竞争力。组织实施一批学科突破先导项目，一体设计科技创新、人才培养、学科发展任务，推动学科交叉融合和跨学科研究，带动高校有组织科技创新和人才培养模式改革，加快基础学科、交叉学科和新兴学科发展，汇聚所在方向的优势力量长期深耕积累，形成国家在该方向上的核心竞争力。

三是重点突破“卡脖子”关键问题。举高等教育全战线之力，在一批跨学科战略领域实施国家重大科技任务，组织一批跨区域、跨高校、跨行业的攻关队伍，配套选题机制、论证机制、组织机制、评价机制、保障机制等系统性改革，加强项目、平台、人才、资源等的一体化配置，加强高水平科技资源库、重大科技基础设施等支撑平台建设，尽锐出战开展有组织科研攻关。

51. 如何建立科技创新与人才培养相互支撑、带动学科高质量发展的有效机制？

党的二十大突出了创新在我国现代化建设全局中的核心地位，强调教育、科技、人才是全面建设社会主义现代化国家的基础性、战略性支撑，明确到2035年建成教育强国、科技强国、人才强国的奋斗目标。党的二十届三中全会进一步提出，构建支持全面创新体制机制，统筹推进教育科技人才体制机制一体改革，健全新型举国体制，提升国家创新体系整体效能。这一系列新部署新要求，充分体现了以习近平同志为核心的党中央对创新本质和规律的深刻洞察。当前，我国人才培养与科技创新供需不匹配的结构性矛盾比较突出。要坚持以科技创新需求为牵引，优化高等学校学科设置，创新人才培养模式，切实提高人才自主培养水平和质量。《纲要》提出，“建立科技创新与人才培养相互支撑、带动学科高质量发展的有效机制”。

当今时代，科技是第一生产力，人才是第一资源，创新是第一动力。科技创新靠人才，人才培养靠教育，教育、科技、人才内在一致、相互支撑。世界百年变局加速演进，新一轮科技革命和产业变革深入发展，围绕高素质人才和科技制高点的国际竞争空前激烈。这就迫切要求走好人才自主培养之路，实现高水平科技自立自强。世界科学大师的诞生，都是在不断挑战科学难题、承担重大科技任务的过程中成长起来的。培养面向未来的拔尖创新人才，建设国家战略人才力量成长梯队，必须加强科教融汇、产教融合，从国家战略需求中凝练重大科技问题，组织实施科技创新、人才培养和学科发展一体设计的大任务，汇聚政府、高校、企业、社会等各方面资源，走出一条科技创新与人才培养相互支撑、带动学科高质量发展的新路子。

一方面，要以大任务引领学科发展新方向。面对当前科技迅猛发展、产业结构深刻变化的态势，高校在学科设置调整方面相对滞后，存在服务科技发展、国家重大战略需求不够，学科交叉融合不足等问题，要主动与行业部门和领军企业精准对接，通过组织大任务、找准真需求，实现人才培养对科技创新需求的快速响应，并不断形成新的学科发展方向，持续产出原创性、颠覆性科技创新成果，引领学科交叉融合再创新。

另一方面，要以大任务探索人才培养新模式。科技发展特别是信息技术、人工智能等，对学生获取知识、习得能力的方式产生了深远影响。未来科技的突破、人才的培养，更多场景在科技创新前端和产业发展一线，是以重大产业和社会需求为牵引的有组织科研创新、有组织人才培养、有组织社会服务，要通过组织实施大任务，建设高质量的开放共享的前沿交叉课程、校企实践课程等，构建递进式、实战化的学生科研训练体系，形成面向交叉前沿领域的跨学科、复合型拔尖创新人才培养新模式。

52. 如何大力弘扬科学家精神，营造鼓励探索、宽容失败的良好环境？

习近平总书记强调，“培育创新文化，弘扬科学家精神，涵养优良学风，营造创新氛围”。2019 年，中共中央办公厅、国务院办公厅出台《关于进一步弘扬科学家精神加强作风和学风建设的意见》，明确了科学家精神六个方面的主要内涵，为我国广大科技工作者提供了思想指引。长期以来，高校广大科技工作者怀着深厚的爱国主义情怀，凭借精湛的学术造诣、宽广的科学视野，前赴后继、接续奋斗，为祖国和人民作出了重大贡献，涌现出时代楷模黄大年、钟扬、李保国、万步炎，国家最高科技奖获得者王大中、刘永坦、钱七虎、王泽山、李德仁、薛其坤等一批“大先生”。实践证明，大力弘扬科学家精神，在全社会形成尊重知识、尊重人才、鼓励自由探索、崇尚创新创造的浓厚氛围，对于进一步激励广大科技工作者不断向科学技术广度和深度进军，加快建设教育强国、科技强国和人才强国，具有重大意义。《纲要》提出“大力弘扬科学家精神，营造鼓励探索、宽容失败的良好环境”，对做好相关工作提出了明确要求。

一是积极开展科学家精神宣传教育活动。持续推进“科学家精神进校园”行动，鼓励各地建立科学家精神宣讲团，常态化组织开展形式多样的科学家精神宣传教育活动。充分发挥高校科研平台基地的科普作用，积极向社会公众开放，鼓励以科研平台基地为载体建设科学家精神教育基地，大力弘扬科学家的爱国情怀、奉献精神、求实精神，让师生在潜移默化中受到科学精神、科学思想的熏陶和教育，鼓励青少年热爱科学、追求真理、报国为民，激励科研人员志存高远、爱国奉献、矢志创新。

二是持续深入推进科技评价改革。深入开展科技人才评价改革，构建分类多元的人才评价体系和发展路径，重点关注国家任务特别是急难险重科研攻关任务、原创性科学发现、重大技术突破等的完成情况，引导各类科技人才人尽其才、才尽其用、用有所成。加强对青年科技人才的长周期高强度稳定支持，实施长周期评价、综合性保障，营造鼓励探索、宽容失败的科研创新生态。

三是持续加强科研诚信建设。科研诚信是科技创新的基石，是科技工作者的生命。2024年，教育部印发实施《关于加强高等学校科研诚信建设和学术不端治理的指导意见》和《高等学校学术不端行为调查处理实施细则》，进一步完善高校科研诚信建设和学术不端行为治理制度体系。要坚持“严”的主基调，健全教育、激励、规范、监督、惩戒一体化的科研诚信治理体系，严惩学术不端行为，形成学术不端红线不敢碰、不能碰、不想碰的有效机制，坚决维护学术秩序和教育尊严。完善知识产权保护制度，严厉打击侵权行为，为科技人员提供一个公平公正的竞争环境，激励他们积极投身科技事业，勇攀科学高峰，实现自我价值。

53. 如何提高高校科技成果转化效能？

习近平总书记强调，“强化校企科研合作，让更多科技成果尽快转化为现实生产力”。科技成果转化是连接科技与经济的重要桥梁，也是培育发展新质生产力的关键环节。高校作为基础研究主力军和重大科技突破策源地，要大力提高科技成果转化效能，加快把原创性、颠覆性科技成果转化为发展新质生产力的新动能，实现技术创新与产业发展同频共振，推动高校学科优势、人才优势转化为国家产业优势、发展优势，更好地彰显在中国式现代化中的作用和价值。

党的十八大以来，高校持续深化产学研深度融合，主动探索科技成果转化新路径，推动科技成果转化成效持续向好。《中国科技成果转化年度报告（2023）》显示，2022 年高校以转让、许可、作价投资和技术开发、咨询、服务方式转化科技成果合同项数超过 28 万项，金额达 1175.7 亿元，较 2018 年分别增长 57.3% 和 99.2%。但是，高校在科技成果转化方面存在科研方向与产业需求脱节、科研评价“指挥棒”作用发挥有限、技术转移能力不足等突出问题，制约了成果转化效能提升。《纲要》提出“提高高校科技成果转化效能”，明确了下一步工作重点和发力方向。

加快推进高校成果转移转化，需进一步构建完善高校科技成果转移转化体系，释放高校科技成果转移转化潜能，为高质量发展提供强大动能，有力支撑现代化产业体系建设。

一是系统推进全国高校区域技术转移转化中心建设。在创新要素集聚、产业基础扎实、资本市场活跃、战略作用突出的区域，结合区域优势产业，系统布局全国高校区域技术转移转化中心建设。以重点产业为牵引，集聚优势高校和创新资源，打造全国高校共建、共管、共享的“一站式”“全链条”公共转化平台，建强专业化服务队伍，发挥好科技金融作用，推动高校科技成果加速集聚转化，服务区域经济社会发展。

二是全面提升国家大学科技园建设质量。通过优化重塑和新建新立相结合，加快推动国家大学科技园转段升级，强化大学属性和科技属性，营造环大学良好创新创业生态。支持国家大学科技园搭建校企联合研发平台、概念验证中心等科技创新平台，提升专业化服务能力。深度参与创新创业人才培养改革，重构相关课程和培养方案，实施项目制教学，开展根植于一线创新企业真实应用场景的体系化创业教育。

三是深化高校科技成果转化机制改革。综合施策盘活存量、做优增量，加快高校专利转化运用。深化高校科研人员职务科技成果所有权或长期使用权改革，加快探索职务科技成果单列管理改革。办好中国高校科技成果交易会，搭建集高校科技成果展示、交流、交易于一体的平台，推动高校有组织、成规模展示对接，打造科技成果转化“高校品牌”。

54. 如何建设高等研究院开辟振兴区域发展新赛道?

《纲要》提出，“建设高等研究院开辟振兴区域发展新赛道”，这是加快和振兴区域发展的新思路新举措。面向加快建设教育强国战略目标，国家将在中西部和东北等地区布局建设一批高等研究院，助力改造提升传统产业、培育壮大新兴产业、布局建设未来产业，开辟以科技创新推动产业创新的新领域新赛道。

建设高等研究院的工作思路是：坚持以服务国家战略和区域发展需求为导向、以提升人才自主培养质量为根本、以深化产教融合为途径、以支撑区域高质量发展为使命，坚持把改革创新、以进促稳、高效协同、效果导向要求贯穿始终。

建设高等研究院的目标包括三个层面。省域层面，紧扣区域经济社会发展战略急需，搭建平台、营造生态，汇聚高端创新人才和团队，加快培育若干产业急需紧缺人才、攻克一批关键核心技术，带动区域高等教育优质高效发展，以学科优势、人才优势集成催生创新优势，壮大产业优势。高校层面，以关键共性技术、前沿引领技术、现代工程技术、颠覆性技术创新为突破方向，通过培养模式改革、科研范式创新、学科专业优化，提升人才培养水平和学科建设水平，激发师生研发创新潜能，促进人才培养与产业需求高度适配、无缝衔接。企业层面，强化企业科技创新主体地位，以关键核心技术创新和重大原创性技术突破为重点，及时将科技创新成果和高水平人才支撑成效应用到具体产业和产业链上，提升企业自主创新和重大成果产出能力，为催生新产业、新模式、新动能做好人才储备和创新支撑。

建设高等研究院须建立和完善相关机制。一是人才联培机制。按照“产业—企业—项目—学科—高校—团队—导师—学生”链条，研究提出高等研究院校企联合攻关与人才培养项目，推进工学交替培养机制，实施有组织的科研和人才培养。二是协同攻关机制。实行校企合作项目制管理，健全“企业出题、政府立题、高校解题、市场判题”新机制，聚焦重点产业布局和未来产业发展，以“揭榜挂帅”“赛马制”等形式遴选高水平高校开展协同攻关。三是政策保障机制。建设省份出台高等研究院支持政策，完善经费保障、办学场地、平台建设、业绩考核、职称评聘等方面的配套制度。四是质量评价机制。探索基于科技成果产出和人才培养效果的评价体系，打造实践能力导向型的工程专业学位硕士、博士培养试验田。五是评估监测机制。建立实战实效、动态调整、有进有出的全周期管理体系，健全省份自评与国家总评相结合的评估机制，通过半年一会商、两年一诊断、三年一评估，对高等研究院建设情况进行跟踪问效。

55. 如何理解加快建设现代职业教育体系的重要意义？

习近平总书记强调，“加快构建现代职业教育体系，培养更多高素质技术技能人才、能工巧匠、大国工匠”。目前，我国已建成世界最大规模的职业教育体系。2019年，开始设置本科层次职业学校，打破职业教育止步于专科层次的“天花板”，形成了中等职业教育—高等职业专科教育—高等职业本科教育的层次结构。2022年，中共中央办公厅、国务院办公厅《关于深化现代职业教育体系建设改革的意见》强调，有序有效推进现代职业教育体系建设改革，切实提高职业教育的质量、适应性和吸引力。

近年来，职业院校每年为国家培养约1000万名高素质技能人才，现代制造业、战略性新兴产业和现代服务业等领域，一线新增从业人员70%以上来自职业院校。但职业教育整体办学水平仍需提高，职普融通、产教融合的体制机制还不健全。党的二十届三中全会《决定》提出，“加快构建职普融通、产教融合的职业教育体系”。《纲要》提出“加快建设现代职业教育体系，培养大国工匠、能工巧匠、高技能人才”，进一步指明了职业教育的发展方向。

第一，加快建设现代职业教育体系，是全面贯彻落实党的二十大、二十届三中全会和全国教育大会精神的重要举措。我国职业教育历史欠账多，基础相对薄弱，对标党中央、国务院决策部署要求，职业教育服务国家发展全局和战略布局的能力有待加强。在以中国式现代化全面推进强国建设、民族复兴伟业的新征程中，加快构建职普融通、产教融合的职业教育体系，培养大批大国工匠、能工巧匠、高技能人才意义重大。

第二，加快建设现代职业教育体系，是推进新型工业化、建设现代化产业体系、加快发展新质生产力的现实需要。职业教育作为国民教育体系和人力资源开发的重要组成部分，肩负着培养多样化人才、传承技术技能、促进就业创业的重要职责。通过加快建设现代职业教育体系，深化产教融合、校企合作，能够有效提升职业教育服务经济社会发展的能力和水平，为经济社会高质量发展提供有力技能人才支撑。

第三，加快建设现代职业教育体系，是推动职业教育高质量发展、建设教育强国的必然要求。当前，职业教育发展仍存在一些问题，如中等职业教育发展面临方向性抉择，为高层次技能人才蓄势的基础性作用未能充分发挥；本科层次职业学校数量相对较少、办学规模目前偏小、发展不够充分等。加快建设现代职业教育体系，将助力破解职业教育改革发展的突出矛盾和问题，统筹职业教育、高等教育、继续教育协同创新发展，有力推动教育强国建设。

56. 如何深入推进“一体两翼”，塑造多元办学、产教融合新形态？

《纲要》提出，“优化与区域发展相协调、与产业布局相衔接的职业教育布局”。落实《纲要》要求，重点是以“一体两翼”为重要抓手，深化职业教育产教融合，塑造职业教育发展新形态。“一体”是指省域现代职业教育体系建设新模式试点，“两翼”是指市域产教联合体、行业产教融合共同体。目前，教育部已与天津、黑龙江、浙江、山东、湖南、广西、重庆、云南、新疆 9 个省份，共建省域现代职业教育体系建设新模式试点；支持建设 34 家市域产教联合体，覆盖 22 个省份的 26 个地级市、3 个县级市；支持中国中车牵头组建国家轨道交通装备行业产教融合共同体，支持中铝集团牵头组建国家有色金属行业产教融合共同体。下一步，将重点做好以下工作。

一是做实“一体”。围绕国家区域发展规划和重大战略，兼顾地方条件基础和改革意愿，适当拓展省域试点范围，在职业学校关键能力建设、职普融通、产教融合、投入机制、制度创新、国际交流合作等方面改革突破，以点上改革突破带动面上高质量发展，形成一批可复制、可推广的新经验新范式，推动形成有利于职业教育发展的制度环境和生态。

二是建强市域产教联合体。探索“政府+企业+职业院校”协同机制，充分发挥政府统筹、产业聚合、企业牵引、学校主体作用，推动职业院校有组织开展人才培养、科学研究和社会服务。聚焦区域主导产业，坚持以产引教、以产助教，深化产教融合、产学合作，着力加强市域产教联合体内涵建设，统筹规范现有市域产教联合体，有序培育建设新一批市域产教联合体，构建产教融合新形态、区域发展新模式。全面推进职业学校专业、课程、教材、教师、实习实训五大教学关键要素改革，实现职业院校办学能力高水平、产教融合高质量，服务国家和区域经济产业高质量发展。

三是建强行业产教融合共同体。探索“龙头企业+职业院校+普通高校”协同机制，聚焦国家重点行业和重点领域，支持龙头企业、高水平高等学校、职业学校分别牵头，组建学校、科研机构、上下游企业等共同参与的跨区域产教融合共同体，强化龙头企业的重要办学主体作用，推动企业深度参与职业教育办学，鼓励企业举办高质量职业教育。以产业发展需求为导向，聚焦行业急需技能人才培养、企业关键生产工艺革新等，校企协同开展有组织的人才培养和科学研究，让行业企业以更低成本找到适合的技能人才，以解决实际生产难题。推动产学研创新多元合作机制和互利互惠运行机制，推动职业教育全面匹配和支撑产业发展，打造产教相互促进、相互成就、双向赋能新生态。

57. 如何理解推动有条件地区将高等职业教育资源下沉到市县?

职业教育与区域经济社会发展紧密相连。市县是国家重要的区域经济单元，是经济发展的重要增长极，是推动区域经济社会高质量发展的重要力量。相对省级而言，市县层面在统筹职业教育改革、推动区域产教融合等方面更直接更聚焦，更掌握本地区产业发展需要。很多经济发达地区的市县，本身也是重要的经济功能区所在地，如我国现有的国家级新区、经济开发区、高新技术产业开发区、临空经济示范区、示范物流园区等，大多布局在市县。市县地区经济发展、产业升级离不开数量充足的技能人才，高等职业院校作为培养大国工匠、能工巧匠、高技能人才的主阵地，肩负着为区域经济社会高质量发展提供技能人才的重要使命。将高等职业教育资源下沉，有利于提高资源配置和使用效率，激发市县层面发展职业教育的积极性主动性，增强服务区域经济发展能力。《纲要》提出，“推动有条件地区将高等职业教育资源下沉到市县”。下一步，要重点做好以下工作。

一是加大技能人才培养力度。以高等职业教育资源下沉到市县为抓手，鼓励高等职业学校在市县开设分校或举办产业学院，对接市县产业发展，优化学校和专业布局，带动县域中等职业教育发展，培养更多产业急需的高技能人才。二是加快提升办学水平。聚焦市县产业布局，打造一批核心课程、优质教材、教师团队、实践项目，及时把新方法、新技术、新工艺、新标准引入教育教学实践，为学生在当地就业提供更多、更好的发展机会。三是加强资源配置。通过市县发展高等职业教育，加强市域产教联合体建设，推动职业学校与当地政府、企业等不同主体之间的资源共享与深度合作，提高地方对职业教育的投入，为学生提供更多的实习实训机会，扩大技能人才供给，服务区域经济社会发展。

58. 如何推动校企在办学、育人、就业等方面深度合作？

产教融合、校企合作是职业教育的基本办学模式，是推动职业教育高质量发展的重要抓手。2022 年修订的《中华人民共和国职业教育法》规定，“企业可以利用资本、技术、知识、设施、设备、场地和管理等要素，举办或者联合举办职业学校、职业培训机构”，“国家鼓励、指导、支持企业和其他社会力量依法举办职业学校、职业培训机构”。目前，产教“融而不合”、校企“合而不深”的现象仍然存在。《纲要》提出，“推动校企在办学、育人、就业等方面深度合作”。下一步，将重点抓好以下工作。

一是校企合作举办职业教育。持续推动完善政府统筹管理、行业企业积极举办、社会力量深度参与的多元办学格局。健全国有资产评估、产权流转、权益分配、干部人事管理等制度。鼓励上市公司、行业龙头企业举办职业教育，鼓励各类企业依法参与举办职业教育。

二是校企合作培养技能人才。深入推进校企协同育人，引导龙头企业深度参与职业学校专业规划、人才培养标准、课程教材开发、师资队伍建设、实习实训等各个环节。积极探索人才培养新模式，实行校企联合招生，开展委托培养、订单培养和学徒制培养，源源不断为企业提供急需的技能人才。面向先进制造业重点领域数字化、智能化职业场景，围绕制造、装调、操作、运维等人才紧缺的岗位需求，以中国特色学徒制为主要培养形式，校企联合培养具备工匠精神、精操作、懂工艺、会管理、善协调、能创新的现场工程师。畅通技能人才成长通道，一体化设计高技能人才培养体系，支持中职、高职、应用型本科学校分段培养或贯通培养，为学校学生和企业职工接受更高层次教育提供有效路径。

三是校企合作共同促进就业。紧贴区域发展和市场需求，完善职业教育专业动态调整机制，促进专业设置与产业结构紧密对接。搭建人才供需信息平台，及时发布就业岗位信息，引导毕业生积极就业、留本地就业。广泛开展实习实训和就业指导，指导企业根据生产需求为学生提供专业对口的岗位实习和就业机会，提高学生实践能力和就业创业能力。扎实推进“书记校长访企拓岗促就业”专项行动，推动职业学校书记校长主动走进园区、走进行业、走进企业，广泛开拓就业渠道和就业岗位，为毕业生挖掘更多岗位资源。建立校企日常联系互访机制，深化供需对接就业育人，找准学校与用人单位合作切入点，不断拓展就业新空间，促进毕业生高效、精准就业。

59. 如何以职普融通拓宽学生成长成才通道？

习近平总书记强调，“构建职普融通、产教融合的职业教育体系，大力培养大国工匠、能工巧匠、高技能人才”。职普融通旨在培养高素质复合型技能人才，推动人才培养模式改革，为学生成长成才提供多样化路径选择。近年来，教育部以推动职普融通为关键，让不同禀赋和需要的学生有多次选择，多样化成长。《纲要》提出，“以职普融通拓宽学生成长成才通道”。下一步，要重点做好以下工作。

一是推动职普协调发展。推进职业教育与各学段普通教育渗透融合，指导各地在普通中小学实施职业启蒙教育，培养掌握技能的兴趣爱好和职业生涯规划的意识及能力。推动各地根据区域人口变化、产业发展需求、教育资源供给和学校办学条件，合理规划中职学校和普通高中招生规模。试点举办综合高中，与普通高中共同发展富有成效的中等教育。完善本科学校招收具有工作经历的职业学校毕业生的办法。加强职业技能培训，实现各类学习成果的认证、积累和转换。

二是深化课程体系改革。构建注重文化基础、强化职业技能、支持多样选择的课程体系。鼓励行业企业全面参与教育教学各个环节，促进专业与产业、企业、岗位对接，探索建立职普融合贯通“立交桥”，通过课程互选、学分互认、资源互通、课程共建等方式，为学生发展提供更多通道。

三是完善职业教育考试招生制度。指导各地大力推进职业教育考试招生制度改革，系统推进分类考试、分类选拔。支持优质中等职业学校与高等职业学校联合开展五年一贯制办学，促进中等职业教育、高职专科教育与职业本科教育衔接培养。完善职教高考制度，健全“文化素质 + 职业技能”考试招生办法，加强教考衔接，优化考试内容和形式，扩大应用型本科学校在职教高考中的招生规模。根据职业学校学生特点，完善专升本考试办法和培养方式，支持高水平本科学校参与职业教育改革，推动形成有利于技能人才脱颖而出的考试招生制度体系。

60. 提升职业学校关键办学能力的主要思路和举措是什么？

习近平总书记强调，“我们要实实在在地把职业教育搞好，要树立工匠精神，把第一线的大国工匠一批一批培养出来”。提升职业学校关键办学能力，是提高技能人才培养质量和适应性，推进职业学校办学能力高水平、产教融合高质量，加速推动中国特色现代职业教育体系建设改革的重要抓手。近年来，国家大力建设示范性中职学校、“双高计划”学校和专业群，推出一系列精品课程教材和实习实训基地，大力加强“双师型”教师队伍建设，持续提升职业学校关键办学能力和人才培养水平。《纲要》提出，“提升职业学校关键办学能力”，为职业教育改革指明了重点方向。

提升职业学校关键办学能力的主要思路是：主动适应推进新型工业化、发展新质生产力的基本规律和现实要求，引导职业学校精准对接国家战略、重点产业、社会区域结构、个人发展需求，健全以需求为导向的教育教学改革理念，系统推进专业、课程、教材、教师、实习实训五大教学关键要素建设改革，推动知识图谱向能力图谱转化、传统知识传授向综合技能培养转化，服务学生全面发展和职业终身可持续发展，探索形成具有国际影响、中国特色、时代特征、职教特点的教学改革新范式和人才培养新模式。下一步，要重点做好以下工作。

一是打造精准匹配区域结构和产业发展的金专业。专业是课程、教材、教师、实习实训改革的重要牵引，是教育教学改革的重要突破点。职业教育专业设置要紧密围绕经济社会发展要求，对接行业企业生产一线技能人才需求，根据产业变化动态调整专业设置，紧跟技术迭代升级专业内涵，形成专业设置与产业发展良性互动的局面。

二是打造动态反映新技术、新标准的金课程。课程是落实职业素养、职业技能的重要载体，课程目标、定位和内容直接决定人才培养方向和水平。职业教育课程改革要紧密对接行业企业前沿应用新场景、生产组织新方式和职业岗位新标准，引入企业真实项目、任务、案例，创新教学模式和课堂组织形式。

三是打造理念新、内容新、形态新的金教材。教材是人才培养的主要载体，是岗位核心能力的具象化呈现，是课程实施的基本依据。职业教育教材要适应学生认知特点和学习规律，从职业岗位分析出发，内容组织任务化、项目化、职业化，呈现形式生动活泼、形态多样，紧跟技术迭代步伐，以数字教材带动教材建设质量整体提升。

四是锻造专业与实践能力精湛、数智素养深厚的金教师。教师是人才培养的决定力量，是实施专业建设、课程改革、教材开发、实习实训建设的关键主体。职业学校教师要深刻理解学生认知特点和技能人才成长规律，紧跟产业发展和行业技术前沿，不断提升专业素养和实践能力，熟练运用数字技术和智能技术开展教学改革创新。

五是建设反映生产实际、真岗实做的金基地。实习实训是培养学生技能的重要手段，是职业教育内在特征与鲜明特色的重要体现。职业教育的实习实训应以真实、同步为原则，以教学情境真实化为导向，持续完善实习实训标准，让学生“闻得着硝烟，听得见枪声，看得到战斗”，促进学生在真实场景中练就真本领。

61. 建设一批办学特色鲜明的高水平职业本科学校，有哪些具体举措？

习近平总书记强调，“稳步发展职业本科教育，建设一批高水平职业院校和专业”。发展职业本科教育是畅通技能人才培养的重要措施，是助力产业升级、满足高等教育多样化需求、深化现代职业教育体系建设改革的有效途径。截至2024年6月，全国共有本科层次职业学校51所，2023年招生约9万人，在校生总数约32.5万人。《纲要》提出，“建设一批办学特色鲜明的高水平职业本科学校”。下一步，要按照高起点、高标准、高质量要求，稳步发展职业本科教育，加快完善制度标准体系，指导职业本科学校深化产教融合，发挥办学优势，带动行业及区域内职业学校联动发展。

一是学校设置坚持稳中求进。坚持系统思考、整体设计、协同推进，统筹考虑重点产业领域、行业产业基础、教育基础等情况，按照国家高校设置规划有关要求和流程，支持以优质高职专科学校为基础，面向重点行业和重点领域设立本科层次职业学校。

二是学校内涵建设突出特色。职业本科学校建设要坚持在办学理念、教学模式、课程设置和师资队伍建设等方面独具特色，能够满足区域经济发展的迫切需求，在改造升级传统产业、培育壮大新兴产业上下功夫，在紧密对接产业、技术岗位的基础上动态更新知识。以办学特色鲜明、区域经济发展急需、服务能力强的优质职业教育资源为主体，逐步扩大本科层次职业学校数量和招生规模。

三是学校人才培养聚焦关键要素。聚焦职业学校教学关键要素改革，夯实专业、课程、教材、教师、实习实训职业教育新基建，引领职业本科教育教学改革，形成新理念、新模式和新机制。指导各地、各校主动对接区域产业战略规划，服务区域重点产业、支柱产业、特色产业发展和民生需求紧缺领域，促进专业结构布局与区域产业结构紧密对接，不断提升人才培养和产业发展需求匹配度。建立职业本科学校办学条件与专业设置相互关联的动态监测体系，统筹核定职业本科专业设置、招生计划，引导学校重点设置先进制造业和战略性新兴产业相关专业。

62. 优化技能人才成长政策环境有哪些进展？如何进一步做好相关工作？

技能人才是社会主义现代化强国建设的重要基础。党的十八大以来，我国技能人才由 1.2 亿人左右增至 2 亿人左右，占就业人员比例由 16% 增至 27%。其中，高技能人才由 3200 万人左右增至 6000 万人左右，占技能人才比例由 27% 增至 30% 左右。技能劳动者占就业人员总量的比例，以及高技能人才占技能人才的比例总体呈上升趋势。需要通过科学制定高技能人才培养规划，优化高技能人才使用政策，完善高技能人才评价机制，激发高技能人才干事创业的积极性等举措，培养和造就规模宏大、素质优良、结构合理的高技能人才队伍。《纲要》提出，“优化技能人才成长政策环境”，这就要求切实把政策协同优势转化为技能人才的发展动能，推动技能人才队伍持续发展壮大。下一步，要重点做好以下工作。

一是健全高技能人才培养机制。围绕高技能人才培养做好顶层设计，完善体制机制，着眼世界和未来产业发展前沿，进行总体谋划，加强高技能人才储备和梯队建设，将规划愿景变为“施工图”“路线图”，推出一批务实管用的战略任务和战略工程。推动不同层次职业教育有效贯通，职业教育与普通教育相互融通。完善职教高考制度，扩大应用型本科高校在职教高考中的招生规模。稳步有序发展职业本科教育，提高技能人才的培养规格和质量。

二是落实技能人才激励政策。积极推动职业学校毕业生在落户、就业、参加招录（聘）、职称评聘、晋升等方面与普通学校毕业生享受同等待遇。对在职业教育工作中取得成绩的单位和个人、在职业教育领域作出突出贡献的技术技能人才，按照国家有关规定予以表彰奖励。鼓励各地将符合条件的高水平技术技能人才纳入高层次人才计划，加大技术技能人才薪酬激励力度，提升技术技能人才的社会地位。

三是加大投入保障力度。推动相关部门协调联动，健全经费投入机制，加大中央对地方教育转移支付力度，指导地方探索建立基于专业大类的差异化生均拨款制度，进一步提高生均拨款水平。发挥地方专项债券、预算内投资等政策性资金的引导作用。鼓励各地探索社会力量多元投入机制，盘活社会资本，支持职业院校利用经营收入与金融机构开展信贷业务合作。督促各地加大职业教育投入和省级统筹力度，服务高技能人才培养。

四是营造良好社会氛围。指导地方加大宣传贯彻《中华人民共和国职业教育法》的力度，防止和纠正就业歧视，为职业学校毕业生营造公平就业的制度环境。加大宣传推广力度，运用多种媒体渠道，广泛宣传高技能人才的优秀事迹和成长成才故事，充分发挥先进典型的示范引领作用。利用职业教育活动周、世界职业院校技能大赛等重大活动赛事时机，做好宣传引导，弘扬劳动光荣、技能宝贵，创造伟大的时代风尚。

63. 如何理解教育数字化是我国开辟教育发展新赛道和塑造教育发展新优势的重要突破口？

习近平总书记指出，“教育数字化是我国开辟教育发展新赛道和塑造教育发展新优势的重要突破口”。当前，中华民族伟大复兴战略全局、世界百年未有之大变局与信息革命的时代潮流发生历史性交汇，内外部环境的深刻变化为我国教育带来机遇和挑战，数字化已成为驱动教育强国建设的重要引擎。《纲要》指出，“以教育数字化开辟发展新赛道、塑造发展新优势”，对教育事业发展提出了新方向新要求。

第一，从时代发展看，数字技术正在重塑人类思维方式和社会运作模式，成为革新人类文明的重要力量。人类因教育而文明，教育因科技而发展。从私塾到学校，历史上每一次教育形态变革的背后，都是科技革命对人类文明的深刻影响。当前，人类社会正在从工业时代进入数字时代，形成于工业时代的教育形态难以适应数字时代对人才培养的要求，亟待重塑教育新形态。数字技术为教育变革创造了历史性机遇、提出了时代性要求，我国必须勇立教育数字化的时代潮头，奋力书写教育强国建设的时代答卷。

第二，从国际格局看，推进教育数字化是各国抢占全球教育发展制高点的战略选择。以科技革命激发教育变革，以教育变革进一步助推科技发展和社会进步，是强国崛起的必由之路。当今时代，数字技术、数字经济是世界科技革命和产业变革的先机，是新一轮国际竞争重点领域，一定要抓住先机、抢占未来发展制高点。谁能做数字教育的探路者和领跑者，谁就能在全球竞争中赢得战略主动，就能够实现“变轨超车”。

第三，从教育自身看，推进教育数字化是建设教育强国的重要保障。当前，我国教育发展还存在一些亟待解决的问题。在促进教育公平方面，教育的城乡、区域、校际、群体差距依然存在，要进一步扩大优质教育资源覆盖面。在提升教育质量方面，个性化学习、差异化教学、精细化管理、智能化服务仍需探索，从知识传授到能力培养的教育转型仍需深化。推进教育数字化，释放数字技术对教育发展的放大、叠加、倍增、溢出效应，助力建设学习型社会、学习型大国。

64. 提升终身学习公共服务水平的主要思路和重点任务是什么？

习近平总书记强调，“要建设全民终身学习的学习型社会、学习型大国，促进人人皆学、处处能学、时时可学，不断提高国民受教育程度，全面提升人力资源开发水平，促进人的全面发展”。建设全民终身学习的学习型社会，是世界教育改革和发展的重要趋势，是提升全体国民素质和社会文明程度，促进人的全面发展、深度开发人力资源的基础工程，是建成教育强国和实现以中国式现代化全面推进中华民族伟大复兴的有力支撑。

党的十八大以来，我国持续推进终身学习公共服务体系建设，推进学习型城市、学习型社区、学习型组织建设，推动全民终身学习组织机构不断健全、终身教育体系日益完备、优质教育资源更加丰富。建立了继续教育体系，完善了高等教育自学考试制度，实现了广播电视大学向开放大学转型。成立了国家老年大学。实现了县级以上社区学校基本覆盖，建立了近 36.4 万个村（社区）教学点，推动优质学习资源不断向基层辐射。建立了国家智慧教育公共服务平台，建成了世界最大的教育资源库。

《纲要》提出，“提升终身学习公共服务水平”。提升终身学习公共服务水平的主要思路是：充分发挥数字技术倍增器作用，以打造终身学习的数字基座为基础，构建网络化、数字化、个性化、终身化的教育体系，建成中国特色、世界水准的继续教育、开放教育和老年教育体系，全面提升终身学习公共服务水平。下一步，要重点做好以下工作。

一是构建终身学习服务体系。充分发挥学校教育的主渠道作用，统筹职业教育、高等教育、继续教育协同创新，推动学习成果的认证、积累和转换，提升教育服务高质量发展的能力。完善产业工人继续教育制度，健全终身职业技能培训制度。加快县域社区学习中心建设，推动老年大学办学服务向城乡社区延伸。

二是夯实终身学习数字基座。加快推进终身学习服务平台和资源库建设，汇聚高质量数字学习资源，优化资源搜索和推送功能，为学习者提供一站式学习服务。支持更友好、自适应、多终端学习界面开发，提供全媒体、易接入的学习通道。共建共享海量学习资源，推进优质资源向基层辐射。

三是完善继续教育体系。深化高等继续教育供给侧改革，稳步提升学历继续教育办学层次，健全高等教育自学考试制度，促进社会成人培训健康有序发展。推动一批有条件的学校面向境外开展线上线下相结合的继续教育。

四是完善全民终身学习推进机制。充分调动政府“搭台”的主动性、积极性，建立跨部门会商工作机制，加强学习型城市、学习型社区建设，建立协同联动机制、运行推进机制，形成以城带乡、城乡一体全面推进学习型社会建设的良好局面。用好社会一切可利用的学习资源，融通学校教育、家庭教育、企业教育、社会教育，打造泛在可及的学习资源供给模式。

65. 如何完善国家开放大学体系，建好国家老年大学?

《纲要》提出，“完善国家开放大学体系，建好国家老年大学”。作为教育部直属的新型高等学校，国家开放大学以数字赋能终身学习、服务学习型社会和学习型大国建设为宗旨，是我国终身教育和在线教育的主要平台，也是服务全民终身学习的重要力量。国家开放大学坚持体系办学、开放办学，实行“一体管理、两级统筹、四级办学”运行机制，包括 1 所国家开放大学、44 所省级开放大学、2744 个学习中心，累计招收高等学历教育学生 2572 万人，目前在籍学生 471.5 万人，已成为世界上规模最大的远程教育体系。

对照《纲要》要求，需要理顺体制、创新机制、加强统筹，用深化改革的办法破解制约高质量创新发展的瓶颈问题，加快完善覆盖全国的一体化办学体系，构建开放教育一体化办学新格局。一是推进《国家开放大学综合改革方案》落实落地，充分发挥地方各级政府的积极性，完善体系建制，夯实“四级办学”体系基础。二是提升整体办学能力和水平，加强各级办学单位的基础能力建设，推动办学条件达标提档。三是创新机制，推动体系联动，发挥体系协同效应和规模效益，促进集约共享和高质量运行，实现共建共享共发展。四是分类治理，服务国家战略和区域需求，推动各级开放大学办出特色、办出水平。

建好国家老年大学是党中央、国务院赋予教育部门的重要任务，是教育部指导国家开放大学自觉服务国家战略，发挥自身优势，助力全民终身学习的学习型社会、学习型大国建设的重要举措。自 2023 年成立以来，国家老年大学积极推进办学体系建设，依托国家开放大学体系成立 44 家省级分部、近 3000 个学习中心、5.5 万个基层学习点。建设全国老年教育公共服务平台，围绕“德学康乐为”五个类别，汇聚 43.7 万门（个）、共计 422 万分钟课程资源，注册用户超 315 万人，累计提供学习支持服务 7668 万人次。建立老年教育课程资源体系，构建多元师资队伍，打造国家银龄教师师资库，为老年人提供学习支持服务，持续扩大社会影响力。

对照《纲要》要求，要重点做好以下工作。一是着力推进国家老年大学建设工程，着力完善体制机制，推动形成社会多元协同的合作模式。二是推进办学体系进一步向城乡社区延伸，打通老年教育“最后一公里”。三是打造一批主动健康、数字技能精品课程，扩大老年教育优质资源供给。四是加快数字化赋能，积极探索体验式、参与式、线上线下相结合的教学模式，努力建成办学模式创新、办学结构合理、资源开放共享、学习方式灵活、符合中国国情、引领老年教育创新发展、具有国际影响力的新型老年大学。

66. 建好国家数字大学的背景、主要思路和举措是什么?

习近平总书记指出，“教育数字化是我国开辟教育发展新赛道和塑造教育发展新优势的重要突破口”，“推进教育数字化，建设全民终身学习的学习型社会、学习型大国”。当前，新一轮科技革命和产业变革正在推动高等教育发生重大转型。国际上，世界主要发达国家都高度重视教育数字化，美国、法国、德国等发达国家已经出现以现代数字技术推动教育教学改革为特征、满足未来高水平终身学习需求的新形态大学。印度等发展中大国也在积极筹建国家级的数字大学。近年来，我国深入实施国家教育数字化战略行动。《纲要》提出“建好国家数字大学”，具有重要意义。

国家数字大学是发挥我国新型举国体制优势，集教育系统合力、聚国内外优质资源、乘数字化智能化之势，以“国际领先、国家战略、数智特色、错位发展、品牌引领”为办学思路，主要面向毕业后终身能力提升的学习需求，打造的学习终身化、培养个性化、治理现代化的新形态大学。下一步，将重点推进以下工作。

一是创新数字教育新范式。以数字技术为驱动，建设新一代个性化智能学习平台，构建人工智能助教与助学支撑体系，实施沉浸式、交互式、生成式的教学，建立智能分析驱动的新型考评体系。二是创建人才培养新模式。围绕服务国家战略和新质生产力需要，创新设置新兴交叉学科专业布局，培养更多新产业新业态复合型创新人才，以数智技术赋能满足学习者多样化个性化学习和可持续发展需求。三是探索终身教育新体系。以学分银行和多元证书为支撑，提供高水平学历教育和非学历教育服务。国家数字大学致力打造成为我国教育数字化战略向集成化、智能化、国际化发展的试验田和教育特区。

67. 实施国家教育数字化战略的总体思路和重点举措是什么？

习近平总书记指出，“深入实施国家教育数字化战略，扩大优质教育资源受益面，提升终身学习公共服务水平”。2022 年初，国家智慧教育公共服务平台正式上线，截至 2024 年 12 月，访问量已超 550 亿，用户覆盖 200 多个国家和地区，成为世界第一大教育资源数字化中心和服务平台。该平台为全球数字教育变革提供了有益经验,有力支持了联合国教育变革峰会所提出的“公共数字学习门户”倡议，获得 2022 年度联合国教科文组织教育信息化最高奖项。《纲要》提出，“实施国家教育数字化战略”，进一步明确了目标任务。

实施国家教育数字化战略的总体思路是：结合过去十余年中国在教育信息化领域积累的政治优势、组织优势和大规模应用优势，着力探索新的课堂经验、教育形态、发展方式，全力打造数字教育的中国思想、中国理念、中国方案。围绕立德树人根本任务，坚持应用为王、服务至上、简洁高效、安全运行，秉承联结为先（Connection）、内容为本（Content）、合作为要（Cooperation）的“3C”核心理念，把握集成化（Integrated）、智能化（Intelligent）、国际化（International）

的“3I”战略方向，以助力学生学习、教师教学、学校治理、科学研究和国际交流为核心应用场景，统筹运用数字化思维、认知和方法推动数字技术与教育深度融合，以扩大优质资源和服务有效供给为主攻方向，以资源和数据为新型生产要素，一体推进资源建设、试点应用、政策研究和国际交流合作。

实施国家教育数字化战略是一项系统工程，必须把握四大着力点。一是坚持应用为王，促进优质资源的集成共享。全力建设国家智慧教育公共服务平台，以国家力量统筹集纳，把散落在各处的优质教育资源和应用“串珠成链”，并不断推陈出新，研究、开发和汇聚高质量、多类型、体系化的优质教育资源，建设不打烊、全天候、“超市式”的公共服务平台体系。二是以智能化为发展新引擎，撬动教育系统性变革。依托丰富的科技应用场景、海量的教育数据资源和终身学习的强大需求，借助大数据、人工智能等新技术的独特优势，推动教育教学多元化、多样化，支持规模化教育下的个性化培养和自主学习；推动教学评价科学化、个性化，运用海量数据形成学习者画像和教育知识图谱；推动教育治理高效化、精准化，实现业务协同、流程优化、结构重塑、精准管理，切实提升智能时代育人效力。三是拓展国际化新空间，推动数字教育出海。建强用好国家智慧教育公共服务平台国际版，搭建高水平的世界数字教育对话交流平台，发挥世界数字教育联盟作用，推动各国在学分互认、标准互通等方面开展合作，以数字教育国际期刊推动教育数字化领域前沿研究，发布全球数字教育发展指数和示范案例，讲好数字教育的中国故事。

68. 如何探索数字赋能大规模因材施教、创新性教学的有效途径？

习近平总书记强调，“进一步推进数字教育，为个性化学习、终身学习、扩大优质教育资源覆盖面和教育现代化提供有效支撑”。当前，数字技术发展速度之快、辐射范围之广、影响程度之深前所未有，为人类的生产生活带来广泛而深刻的影响，也将推动教育模式和学习范式发生系统性变革。《纲要》提出“探索数字赋能大规模因材施教、创新性教学的有效途径，主动适应学习方式变革”。下一步，要重点做好以下工作。

一是以数字化改变学生学习。在以互联网、大数据、云计算、人工智能等为标志的新一轮科技革命和产业变革面前，国家财富增长和民众福祉提高越来越依赖知识和创新的积累。因此，要借助数字技术，运用慕课、微课、虚拟现实等多种方式，让不同地域、不同文化、不同生活条件的人平等地获取教育资源，享有充分学习的机会。充分发挥数字技术的独特优势，加强学生学习全过程数据的全面采集和深度挖掘，根据学生的学习兴趣、学习态度、学习习惯、学业表现等数据，生成动态画像，基于能力图谱和学生画像面向各类学生精准推送资源，让学习者在自由组构的学习时空里，根据实际情况和需求开展个性化自适应学习，着力打造“人人皆学、时时能学、处处可学”的学习型社会。

二是以数字化改变教师教学。为构建新时代高质量教育体系，教师需摒弃一成不变的教学模式和策略，根据学生需求和学科特点不断调整教育教学方法，灵活运用数字资源和智能工具辅助教学，有效开展差异化教学，进行精细化管理。一方面，通过建立教学资源目录和学科知识图谱，促进优质教案、典型作业、课程素材的积累沉淀，减轻教师备课压力。另一方面，成建制、成体系地普及应用基于能力图谱的智能教学系统、智能学伴等工具，将教师从简单而重复的劳动中解脱出来，帮助教师掌握学生的学情，支持教师分层分组教学，并为教师提供过程性数据、课程画像等。此外，通过跨学科、跨校际、动态开放的虚拟教研室远程搭建教师研修团队，支持成员各聘所长，有效支撑教师队伍建设。

三是以数字化改变教育生态。优化教育评价体系，能够更加精准定位教育需求，提高教育资源配置效率，从而培养出更多符合时代发展需求的创新型人才。因此，要借助数字技术提高教育评价的科学性、专业性、客观性，强化过程评价，探索增值评价，健全综合评价。完善学生评价，构建从入学到就业的动态跟踪机制。优化教师评价，利用数据共享改进教师管理服务、排查教师违法违规问题。赋能学校评价，利用大数据支撑教学成果评估、学科评估等工作。通过更新评价理念、改革评价内容、创新评价方法、丰富评价手段，实现对教育过程和教育结果的科学判定，确保教育目标的实现和教育质量的提升。

69. 提升我国数字教育全球影响力的举措有哪些？取得了哪些突出成效？

习近平总书记指出，“互联网发展是无国界、无边界的，利用好、发展好、治理好互联网必须深化网络空间国际合作，携手构建网络空间命运共同体”。《纲要》提出，“打造世界数字教育大会、世界数字教育联盟、全球数字教育发展指数、数字教育权威期刊等公共产品，推动优质慕课（大型开放式网络课程）走出去”，为数字教育发展确立了新目标。

近年来，我国积极推动数字教育高水平开放合作，探索建立数字教育合作机制，打造全方位数字教育合作格局，树立中国数字教育“走出去”新格局新标杆，开辟全球数字教育发展新赛道。围绕“五个一”核心任务，取得了以下突出成效。

一是办好世界数字教育相关会议。连续举办世界数字教育大会，持续汇聚多国政府、教育和研究机构、重要国际组织顶尖人才，围绕贯彻落实习近平总书记在联合国大会上提出的全球发展倡议，聚焦数字教育发展前沿问题，深入探讨以数字化赋能教育变革的战略举措，在主场外交活动中发出中国声音、讲好中国故事，将其打造为具有全球影响力的旗舰性盛会。此外，连续举办世界慕课与在线教育大会。

二是建好国家智慧教育公共服务平台。国家智慧教育公共服务平台面向全球 200 多个国家和地区免费提供海量优质教育资源，支持联合国六种官方语言访问，为各国学习者提供国际资讯、课程资源和留学服务等个性化学习服务，鼓励各国共同开发多语种优质数字教育资源，将其打造为高品质的全球教育公共服务产品。

三是成立世界数字教育相关联盟。积极响应联合国教育变革峰会及联合国教科文组织 2030 年教育高级别指导委员会会议精神，设立世界数字教育联盟，紧紧围绕数字化转型核心任务，广泛吸纳国际组织、政府部门、研究机构、非政府组织等加入世界数字教育联盟，通过加强联合研究、政策对话、资源开放、应用推广等方式，共建具有活力与韧性的全球数字教育共同体。建强世界慕课与在线教育联盟，吸纳六大洲 16 个国家 16 所世界领先大学与 7 个在线教育平台共同参与。作为中国发起并主导的首个高等教育数字化领域国际多边组织，积极拓展高等教育国际交流合作路径，为中国更大范围、更高质量推进教育国际交流合作提供重要平台与抓手。

四是办好数字教育系列期刊。高起点、高质量、高标准创办《数字教育前沿（英文）》等国际期刊，充分发挥高等学校专家智库作用，聚焦 STEM 教育与数字化、人工智能与教育、数字化与学习型社会等前沿研究，建立数字教育国际研究试验床，持续跟踪前沿发展成果，揭示数字教育演变趋势，探索国际合作研究机制，加快构建具有中国特色、中国风格、中国气派的数字教育学术体系。

五是发布数字教育发展指数和蓝皮书。持续发布全球数字教育发展指数，以基于证据的评价范式开展各国数字教育整体发展水平监测，按照数字素养提升、数字教育体系构建、数字教育制度创新、数字教育内容重构、数字化教学变革、数字教育治理升级这六个指数维度，共同构建互鉴、可比、相互促进的数字教育新生态。持续发布中国智慧教育蓝皮书，总结推进智慧教育发展的中国经验，提出发展智慧教育的中国方案，从理念、政策、路径、案例、趋势五个方面，全景式展现中国教育数字化转型的宏伟蓝图，向世界发出中国智慧教育的声音。发布《无限的可能——世界高等教育数字化发展报告》《世界高等教育数字化发展指数》，为全球教育数字化战略制定提供决策参考。

70. 人工智能给教育带来怎样的机遇和挑战？如何促进人工智能助力教育变革？

习近平总书记指出，“人工智能是引领这一轮科技革命和产业变革的战略性技术，具有溢出带动性很强的‘头雁’效应”。人工智能正深刻改变着人们的生产和生活方式、思维和学习方式，将对教育改革发展和人类文明进步产生深远影响。《纲要》指出，“促进人工智能助力教育变革”，为教育改革创新开辟了新路径。

人工智能给教育带来新的机遇和挑战。一方面，人工智能能够激发教育发展新动能。数字技术的迭代升级，特别是智能技术可以很大程度代替人类从事社会生产，将会引发产业结构与社会结构的变革。教育的目标、手段、内容、方法、生态都受到深刻影响。教育资源泛在化、学习内容个性化、职业流动快速化、终身学习常态化成为教育发展的必然趋势。人工智能支持人机共育、智能精准治理和泛在终身学习，为创建人人皆学、处处能学、时时可学的学习型社会提供现实机遇。另一方面，人工智能带来了教育发展新挑战。人机共教冲击传统教育模式，重塑教师角色、师生关系，技术使用不当会加剧思维惰化风险，带来伦理道德等问题。因此，应客观理性看待人工智能，统筹推进教学、应用、创新和安全，共同将科技进步的变量转化为教育发展的增量。下一步，要重点做好以下工作。

一是持续开展人工智能教育。打破学科、年级、学校界限，整合优质教育资源，创新教与学支持服务方式，开展师资培训指导，扩大人工智能教育的覆盖面和受益面，着力培养学生的创新思维和数字素养，构建与人工智能感知、认知、创新三个层次相对应的人工智能教育课程体系，打造人工智能与教育深度融合的交叉学科创新高地。实施人工智能“101 计划”，推动建设一批中国特色世界水平的人工智能领域核心课程、核心教材、核心实践平台，引领人工智能领域人才培养改革创新。研制不同教育阶段的师生数字素养标准体系，大力推进师生数字素养常态化、规模化测评，将评价嵌入教育教学过程，以评促学、以评促用、以评促优，切实有效提升全体师生数字素养。

二是打造人工智能教育大模型。发挥我国高等教育海量数据和语料优势，在教育细分赛道上进行算法创新、数据积累、算力储备，锻造政治正确、内容丰富、人机协同的教育大模型，并推动大模型从课堂走向应用，力争通过更强算法、更好语料、更优服务打造行业大模型的示范标杆。加快研发学科专业大模型和教育专用大模型，推进教育领域人工智能大模型落地，深化新工科、新文科、新医科、新农科建设与人工智能相结合，努力在人工智能国际竞争中实现教育场景的定点超越。

三是打造人工智能示范应用。发挥智能技术的放大、叠加和倍增效应，支撑因材施教、终身学习、精准管理和个性服务。以智促学，依托人工智能技术，在慕课的基础上建设一批人工智能赋能的智慧课程，满足学生自主化、个性化、多样化学习需求，实现优质资源的智能搜索和个性推送；以智促教，建设一批集能力驱动、泛在智能、多模态响应于一体的未来学习中心，构建多元供给生态；以智促管，支持高校与科研机构、产业企业联合打造人工智能实践与创新平台，提升教育治理体系和治理能力的现代化水平；以智助研，深入开展人工智能相关重大课题研究，组织相关单位围绕“人工智能背景下的高等教育教学范式和政策体系”等主题开展研究探索。

四是保障人工智能伦理安全。统筹技术发展和人文关怀，坚持“科技向善”，开展人工智能与教育国际协同创新，强化弥合数字鸿沟、保障数据安全、规范数字伦理等方面研究，科学研判人工智能技术对教育的影响，积极引导智能技术科学合理应用，让技术造福师生。

71. 如何理解教师队伍建设是教育强国的根基？

习近平总书记强调，“教师是立教之本、兴教之源”。强教必先强师，要培养造就新时代高水平教师队伍。《纲要》对“建设高素质专业化教师队伍，筑牢教育强国根基”进行了重点部署，凸显了教师队伍建设作为教育强国根基的重要战略地位。

第一，教师队伍建设是凸显教育“三大属性”的基础性工作。全面把握教育的政治属性、人民属性、战略属性，必须要把加强教师队伍建设作为建设教育强国最重要的基础工作来抓。教师队伍是教育强国建设的第一资源，关系“培养什么人、怎样培养人、为谁培养人”的根本问题，事关社会主义办学方向。教师队伍是教育高质量发展的决定力量，关系深化教育综合改革、促进教育优质均衡发展的重要问题，事关满足人民群众对更加公平、更高质量教育的美好期盼。教师队伍是科技强国、人才强国的基础支撑，关系高水平科技自立自强、创新人才自主培养的关键问题，事关科教兴国战略、人才强国战略、创新驱动发展战略的统筹实施。

第二，教师队伍建设是强化教育强国“六大特质”的基础性工作。建成全面具备“六大特质”的教育强国，必须要将教师队伍建设放在优先发展的战略位置。要弘扬教育家精神，塑造教师群体共同价值追求，强化思政引领力。要全面提升教师教书育人能力和综合素质，强化人才竞争力。要全面深化教师管理评价改革，激发教师的创造活力，强化科技支撑力。要统筹优化教师资源配置，提升教师地位待遇，强化民生保障力。要汇聚政、企、社、校各方力量，加快推进教师队伍开放化发展，强化社会协同力。要统筹“引进来”和“走出去”，加快推进教师队伍国际交流合作，强化国际影响力。

第三，教师队伍建设是构建教育强国“八大体系”的基础性工作。构建教育强国的“八大体系”，必须要将教师队伍建设作为教育强国建设的重中之重。要实施教育家精神铸魂强师行动，支撑固本铸魂的思想政治教育体系构建。要实施基础教育教师专业素养提升行动，支撑公平优质的基础教育体系构建。要实施高校一流教师培养行动，支撑自强卓越的高等教育体系构建。要实施职业教育工匠之师培育行动，支撑产教融合的职业教育体系构建。要实施开放化教师发展行动，支撑泛在可及的终身教育体系构建。要实施教师科学素养和创新能力提升行动，支撑创新牵引的科技支撑体系构建。要实施教师发展、管理、保障综合改革行动，支撑素质精良的教师队伍体系构建。要实施教师队伍建设国际化行动，支撑开放互鉴的国际合作体系构建。

72. 实施教育家精神铸魂强师行动的主要考虑是什么?

2023 年教师节前夕，习近平总书记致信全国优秀教师代表，提出了中国特有的教育家精神。教育家精神将中华优秀传统文化的思想精髓与新时代教育改革发展的生动实践相结合，具有深厚的历史底蕴、鲜明的时代特征、开阔的国际视野，为加强新时代教师队伍建设进一步指明了方向，提供了根本遵循。2024年，中共中央、国务院印发《关于弘扬教育家精神 加强新时代高素质专业化教师队伍建设的意见》，对以教育家精神引领高素质专业化教师队伍作出全面部署。《纲要》进一步强调，“实施教育家精神铸魂强师行动”。

第一，实施教育家精神铸魂强师行动是提高教师思想政治素养的重要举措。坚持不懈用习近平新时代中国特色社会主义思想凝心铸魂，健全教师定期理论学习制度，开展教师思想政治轮训，增进广大教师的政治认同、思想认同、理论认同、情感认同。加强教师党建引领，选优配强教师党支部书记，加强“双带头人”培育，建强教师党支部，充分发挥教师党支部战斗堡垒和教师党员先锋模范作用。开展“教育家精神万里行”和巡回宣讲，组织深入研究阐释，增强广大教师践行教育家精神的思想自觉和行动自觉。

第二，实施教育家精神铸魂强师行动是提升教师专业素质能力的重要抓手。开发教育家精神课程教材资源，建设教育家精神培育弘扬研究实践中心，推动教育家精神融入教师培养培训全过程，构建日常浸润、项目赋能、平台支撑的教师发展良好生态。坚持教育家精神弘扬践行，贯穿教师课堂教学、科学研究、社会实践等各环节，筑牢教育家精神践行主阵地。坚持教育家精神引领激励，建立完善教师标准体系，纳入教师管理评价全过程。健全教师教育体系，提高教师学科能力和学科素养，提升教师教书育人能力，优化教师管理和资源配置，营造教育家成长的良好环境。

第三，实施教育家精神铸魂强师行动是弘扬尊师重教社会风尚的重要载体。浸润传承教育家精神，推进全社会涵养尊师文化，提振师道尊严。出台尊师惠师系列政策，会同相关部门和行业企业倡导社会公共服务“教师优先”，支持自然人、法人或其他组织采取多种方式尊师重教。维护教师职业尊严和合法权益，大力减轻教师负担，统筹规范社会事务进校园，充分保证教师从事主责主业。进一步加大优秀教师选树表彰和宣传力度，多方位、全角度、立体化宣传优秀教师典型，让广大教师在岗位上有幸福感、事业上有成就感、社会上有荣誉感，吸引更多优秀人才执教从教。

73. 如何健全师德师风建设长效机制？

习近平总书记强调，“评价教师队伍素质的第一标准应该是师德师风。师德师风建设应该是每一所学校常抓不懈的工作，既要有严格制度规定，也要有日常教育督导”。教育部出台《新时代教师职业行为十项准则》《关于高校教师师德失范行为处理的指导意见》等，推动师德师风建设步入制度化、规范化、法治化轨道。当前，师德师风建设总体向好，但仍存在教育涵养不够深入、责任落实机制不够完善、部分地方和学校思想认识不够到位等问题，特别是个别师德违规问题社会关注度高，影响了教师整体形象。《纲要》强调，“坚持师德师风第一标准，健全师德师风建设长效机制，严格落实师德失范‘零容忍’”。下一步，重点做好以下工作。

第一，推动师德师风建设“设规矩”。制定师德教育计划，丰富师德教育资源，建好用好师德教育实践平台，提升师德教育实效。强化选树宣传，持续挖掘推出践行教育家精神的先进典型，加大教师宣传选树和表彰力度。强化约谈通报，对工作重视程度不够的负责人进行约谈，加大负面典型通报力度。严肃追责问责，对造成恶劣影响的不作为、慢作为、乱作为严肃处理。加强组织领导，建立健全师德师风建设联席会议机制和上下联动机制，形成工作合力。

第二，推动师德师风建设“立章程”。制定完善教师职业行为细则，提出具体明确的行为要求，引导教师自律自强。制定完善师德评价考核办法，将师德表现作为教师职称评聘、评优奖励等的重要指标，强化激励约束。制定完善师德违规行为处理办法，对处理处分及程序作出明确规定，有规可依、有规必依。制定完善师德师风建设责任追究办法，依规依纪追责问责，坚持师德违规“零容忍”。

第三，推动师德师风建设“建机制”。健全教师准入机制，完善准入查询平台，严格聘用管理，把牢教师入口关。健全日常监管机制，掌握教师思想动态，及时处理苗头问题。健全监督指导机制，深入开展巡视巡察，定期开展专项整治。健全举报核处机制，建立畅通的师德师风问题举报渠道，及时核查处理，防止蔓延发酵。健全权益保障机制，及时澄清涉师不实举报，严厉打击诋毁、污名教师等违法行为，维护教师良好形象。

74. 健全教师教育体系有哪些新思路新举措？

习近平总书记高度重视培养造就新时代高水平教师队伍，多次强调加强教师教育体系建设，指出要“寻求深化教师教育改革的突破口和着力点，不断提高教师培养培训质量”。我国已经建立起开放的教师培养体系，实现了“中师、专科、本科”的老三级向“专科、本科、研究生”新三级教师培养体系的跃升。近年来，国家不断深化教师培养改革，大力支持教师教育振兴发展。实施“优师计划”，启动“国优计划”，实施部属师范大学本研衔接师范生公费教育政策。同时，推进“师范教育协同提质计划”，开展师范类专业认证，推动师范教育质量提升。《纲要》提出“健全教师教育体系”，下一步，将重点做好以下工作。

第一，优化教师教育院校布局。扩大研究生层次教师培养规模，稳步发展本科层次教师教育，逐步压缩专科层次教师培养规模。推动更多高水平综合类、理工类大学开展教师教育，培养高层次、复合型教师。发挥部属师范大学引领作用，分区域支持一批地方师范大学瞄准一流标准加强建设，形成若干个区域性的师范教育“高峰”。多措并举优化师范专科学校布局，支持师范专科学校提质转型、特色发展。

第二，强化师范专业动态调整。加强师范类专业的规范管理和动态调整，完善专业设置备案制度，严控新设专科师范类专业。推动省级教育部门协同区域内师范院校加强对不同学科、不同学段教师需求的监测、预测，指导师范院校优化设置专业并进行动态调整，强化师范类专业设置和基础教育需求的紧密对接。

第三，推进教师教育培养改革。加强中国教师教育理念、思想、方法研究，形成自主的学科知识体系。加强高质量教师教育课程建设，优化学科专业课程、教师教育课程与公共通识课程结构，注重学科能力和学科素养。将师德师风、科学技术史作为师范生的必修课程，强化数字素养和数字技术应用能力培养。开展一流教师教育课程建设。强化教育实践，落实高校和中小学校共同承担师范生实习实践教学指导的责任，细化实践要求。

第四，完善教师教育评价机制。建立体现师范院校、师范专业特点的差异化评价标准，把对基础教育的贡献服务作为重要指标，在学科评估、重大工程项目、学位点建设等方面加大对师范院校的支持力度。加强师范专业质量监测评价，改革师范类专业认证制度，实行红黄牌制度，建立不合格专业的退出机制。

75. 如何强化教师全员培训，完善国家、省、市、县、校分级研训体系？

习近平总书记强调，“提高教师培养培训质量，培养造就新时代高水平教师队伍”。《中共中央 国务院关于弘扬教育家精神加强新时代高素质专业化教师队伍建设的意见》对提高教师教书育人能力进行了全面部署，强调要完善实施中小学教师国家级培训计划，完善教师全员培训制度和体系，要优化实施职业院校教师素质提高计划，健全高校教师发展支持服务体系。

2010 年以来，教育部、财政部持续实施中小学幼儿园教师国家级培训计划（“国培计划”）和职业院校素质提高计划（“素提计划”）等国家级培训计划，中央财政累计投入超 330 亿元，培训校长教师超过 2282 万人次，探索形成了富有特色、针对性强的教师培训模式，培育了一大批骨干教师、培训者。通过国家级培训计划的示范引领，有力地带动省、市、县各级培训，建立起教师 5 年 360 学时全员培训制度，国家、省、市、县、校联动、教师全面覆盖的教师培训体系进一步完善。《纲要》强调，“强化教师全员培训，完善国家、省、市、县、校分级研训体系”。下一步，要重点推动以下工作。

第一，强化国家级培训的引领带动。深化“国培计划”“素提计划”等国家级培训改革。聚焦关键人群，加强引领型骨干教师培养；聚焦重点领域，加强音乐、体育、美术、科学、心理健康、劳动教育等紧缺薄弱学科的教师培训。突出分级分类，明确各级培训重点、投入责任，加强国家、省、市、县、校各级培训的有机衔接。制定分领域、分学科的教师培训课程指导标准，强化培训的内容规范、标准引领。

第二，建强教师发展支持服务体系。完善教师培训机构管理制度，建立白名单与黑名单，动态调整培训机构资质。加强地方各级教师发展机构建设，支持各地建设一批优质的市县级教师发展机构，形成区域教师培训的骨干网络。支持高水平师范院校、综合院校参与教师培训，推进培养培训一体。打造专业队伍，提升教师培训者队伍专业水平，建设高水平的教师培训专家库，强化高水平教师培训的基础支撑。

第三，推动教师培训的数字化转型。加强优质的数字研修资源供给，建设覆盖各学科，满足城乡、区域、不同发展阶段教师需要的教师学习资源库，支持教师自主学习。升级国家智慧教育平台教师研修功能，建立教师学习“数字档案袋”，实现教师数字化学习“一人一档、一人一策”，结合教师差异化的学习需求，实现精准化资源推送、智能化学习评价、便捷化实践应用，支持教师终身学习、持续提升。

76. 如何统筹优化教师管理和资源配置？

习近平总书记强调，“要加强教师队伍建设，优化教师资源配置，提高教育教学水平”，“要立足教育强国建设实际需要，加大教职工统筹配置和跨区域调整力度”，“要统筹配置城乡教师资源，通过稳步提高待遇等措施，增强乡村教师岗位的吸引力和自豪感”。近年来，国家通过实施“特岗计划”、国家乡村振兴重点帮扶县教育人才“组团式”帮扶工作、“三区”人才计划教师专项、“组团式”援疆教育人才选派工作、国家银龄教师行动计划等举措，倾斜支持中西部地区和乡村学校教师资源配置。《纲要》提出，“优化教师管理和资源配置”，对教师队伍建设提出更高要求。下一步，将重点做好以下工作。

第一，强化师资供需监测预测。应对学龄人口变化及区域流动，开展师资供需监测，指导各地动态跟踪学龄人口变化和师资配置，提前预测区域性教师资源需求。科学布局师范教育，合理规划师范类专业招生规模、学科结构、培养层次。深化国家教师资格制度改革，完善教师队伍准入机制，加强顶层设计，严把教师入口关，全面考察考生的思想政治与师德师风、学科素养、专业水平和职业品质。完善教师招聘制度，升级实施农村义务教育阶段学校教师特设岗位计划，遴选更多乐教、适教、善教的优秀人才从事教师工作。

第二，优化师生配比与教师配置。会同编制等相关部门，研究优化各级各类学校师生配比，统筹做好寄宿制学校、公办幼儿园教职工编制配备。根据学龄人口变动趋势，推动教职工编制跨区域、跨学段动态调整。科学推进义务教育阶段学校校长教师交流轮岗，深化“县（区）管校聘”管理改革，引导城镇优秀校长、教师向乡村学校、薄弱学校流动，推动区域内教师资源均衡配置。

第三，深化教师支教帮扶。深入实施国家银龄教师行动计划。继续开展中小学银龄讲学计划、高校银龄教师支援西部计划有关工作，促进城乡义务教育均衡发展，助力西部地区教育振兴。优化实施“三区”人才支持计划教师专项、“组团式”援疆教育人才选派工作、国家乡村振兴重点帮扶县教育人才“组团式”帮扶等支教项目，不断提高人才选派工作质量，推动欠发达地区教育优质均衡发展。

77. 如何巩固提高教师的政治地位、社会地位和职业地位?

习近平总书记强调，“提高教师政治地位、社会地位、职业地位，加强教师待遇保障，维护教师职业尊严和合法权益，让教师享有崇高社会声望、成为最受社会尊重的职业之一”。党的十八大以来，国家出台多项政策措施，教师地位待遇保障稳步提高。大力弘扬教育家精神，选树宣传时代楷模、全国教书育人楷模、最美教师等优秀教师典型，引领尊师重教社会风尚。持续加强教师待遇保障，各地落实义务教育教师平均工资收入水平不低于当地公务员平均工资收入水平要求，中西部乡村教师生活补助覆盖中西部22个省份725个县，累计受益教师超1200万人次。开展规范社会事务进校园为中小学教师减负专项整治，使中小学教师非教育教学负担进一步减轻，营造了良好教育教学环境。《纲要》提出，“提高教师政治地位、社会地位、职业地位”，“保障教师课后服务工作合理待遇”，“减轻教师非教育教学任务负担”。下一步，将重点做好以下工作。

第一，健全完善法制体系。加快推动《中华人民共和国教师法》修订，推进《教师资格条例》《〈教师资格条例〉实施办法》等法律制度的配套修订、一体完善，进一步明确教师法律地位，构建现代教师治理体系，保障教师合法权益，坚决打击造谣和污名化教师等侵害教师权益的行为。

第二，不断强化待遇保障。健全完善教师工资待遇保障长效机制。完善中小学教师收入分配激励机制，研究提高教龄津贴标准，落实好工资、社会保险等各项政策，开展系列尊师惠师专项行动。加强乡村教师住房等待遇保障，落实乡村教师生活补助政策。保障教师课后服务工作合理待遇。推进高校教师薪酬制度改革，落实以增加知识价值为导向的分配政策。减轻教师非教育教学任务负担，健全教师减负长效机制，让教师安心从教、热心从教、潜心育人。

第三，积极营造良好氛围。弘扬践行教育家精神，赋予新时代人民教师崇高使命。完善教师荣誉表彰体系，持续营造尊师重教良好氛围。大力选树宣传时代楷模、全国教书育人楷模、最美教师等优秀教师典型，展播教师节“感人瞬间”视频及教师风采短视频，展现新时代教师新风貌。

78. 加大优秀教师选树表彰和宣传力度有哪些具体措施？

习近平总书记强调，“长期以来，广大教师为教育事业付出了辛劳、奉献了力量、贡献了才智，要在广大教师中、在全社会大力宣扬和弘扬优秀教师的先进事迹和高尚品德”。习近平总书记在 2024 年全国教育大会上指出，“让教师享有崇高社会声望、成为最受社会尊重的职业之一”。《纲要》提出，“加大优秀教师选树表彰和宣传力度”。

党的十八大以来，国家积极推动建立以共和国勋章、人民教育家、全国模范教师、全国优秀教师等为代表的教师荣誉表彰体系，以时代楷模、全国教书育人楷模、最美教师等为代表的教师选树宣传体系。共表彰全国模范教师和全国优秀教师 5900 余人，选树宣传教育系统时代楷模 16 人、全国教书育人楷模 159 人、最美教师 140 人、最美教师团队 5 个。2019 年，国家设立“人民教育家”荣誉称号，先后授予于漪、卫兴华、高铭暄、张晋藩、黄大年“人民教育家”国家荣誉称号。2024 年，授予王振义“共和国勋章”。这些先进典型为广大教师树起了精神坐标，立起了榜样旗帜，极大增强了教师立德树人、教书育人的荣誉感和责任感。下一步，要重点做好以下工作。

第一，依托教师节等关键节点，大力开展教师荣誉表彰和选树宣传工作。继续开展全国教育系统先进模范表彰，评选全国教育系统先进集体、先进个人，全国模范教师，全国优秀教师，全国优秀教育工作者等先进典型。组织开展时代楷模、全国教书育人楷模、最美教师选树宣传。组织各地各校结合实际创作多种形式的文艺作品，发布优秀教师先进事迹，充分展现新时代教师立德树人、自信自强的精神风貌和感人事迹。

第二，聚焦大力弘扬教育家精神，强化优秀教师和先进典型的精神引领和典型示范作用。开展教育家精神宣传弘扬工作，组织媒体记者深入一线挖掘践行教育家精神的先进典型人物和感人事迹，以身边榜样激励人。组织优秀教师代表走进大中小学开展宣讲报告，充分利用各类媒体广泛宣传，推动社会公众进一步了解教师榜样事迹，激励引导广大教师和教育工作者学习模范、争当先进，为建设教育强国作出新的更大贡献。

第三，关心关爱获表彰教师，着力弘扬尊师重教社会风尚。关心帮助获表彰教师，开展走访慰问、培训交流、休假疗养等活动。开展“尊师惠师公益行动”，为教师在工作学习、交通出行、生活服务、医疗保健等方面提供系列优惠政策，增强教师从教的荣誉感、幸福感、获得感。

79. 如何理解必须以改革创新为动力推进教育强国建设？

习近平总书记强调，“从教育大国到教育强国是一个系统性跃升和质变，必须以改革创新为动力”。党的二十届三中全会《决定》提出，“深化教育综合改革。加快建设高质量教育体系，统筹推进育人方式、办学模式、管理体制、保障机制改革”。《纲要》提出，“深化教育综合改革，激发教育发展活力”，充分表明了教育强国的动力所在。

改革创新是推动新时代教育事业发展取得重大成就的宝贵经验。党的十八大以来，以习近平同志为核心的党中央把教育摆在优先发展的战略位置，对深化教育综合改革作出一系列重大部署。一是完善党对教育工作全面领导的体制机制。从中央到地方成立教育工作领导小组，坚持和完善高校党委领导下的校长负责制，推动中小学建立党组织领导的校长负责制，党委统一领导、党政齐抓共管、部门各负其责的教育领导体制更加完善。二是加快塑造立德树人新格局。完善习近平新时代中国特色社会主义思想进教材进课堂进头脑机制，推进大中小学思想政治教育一体化建设，德智体美劳全面培养的教育体系持续完善。三是加快建设高质量教育体系。学前教育实现基本普及，义务教育全面实现县域基本均衡，推进“双减”工作、规范民办义务教育取得重要进展，促进高中阶段学校多样化发展，深化现代职业教育体系改革，高等教育进入普及化阶段，教育优先发展保障机制进一步健全。四是提高教育治理能力。深化教育评价改革，推进考试招生制度改革，努力培养造就高素质专业化教师队伍。强化教育法治保障，坚持对外开放不动摇，良好教育发展生态进一步优化。但是，我国在建设教育强国上仍存在不少差距、短板和弱项，迫切需要深化教育综合改革。

第一，深化教育综合改革是培养担当民族复兴大任的时代新人、确保党的事业后继有人的战略之举。教育事业是党的事业的重要组成部分，肩负着为党育人、为国育才的重大使命。当前，世界百年未有之大变局加速演进，广大学生成长的外部环境发生了重大变化，针对新形势新要求，要自觉把改革摆在更加突出位置，坚持不懈用习近平新时代中国特色社会主义思想铸魂育人，推进大中小学思政课一体化改革创新，健全德智体美劳全面培养体系，努力培养更多让党放心、爱国奉献、担当民族复兴大任的时代新人。

第二，深化教育综合改革是统筹推进教育科技人才体制机制一体改革、提高教育服务高质量发展能力水平的根本之策。高质量发展是全面建设社会主义现代化国家的首要任务。当今时代，科技是第一生产力，人才是第一资源，创新是第一动力。科技创新靠人才，人才培养靠教育。面对新的国家战略需求，需要全面提高人才自主培养质量，有效提高原始创新和突破“卡脖子”关键技术能力，切实以教育改革新成效赋能经济社会高质量发展。

第三，深化教育综合改革是落实以人民为中心的发展思想、办好人民满意教育的必由之路。教育直接关系千家万户的切身利益和每个孩子的健康成长，影响社会生育意愿的提升和未来的现代化强国人才支撑。坚持以人民为中心发展教育，需要通过深化改革不断提升教育公共服务的普惠性、可及性、便捷性，逐步缩小城乡、区域、校际、群体差距，推动教育改革发展成果更多更公平惠及全体人民，持续增强人民群众对教育改革发展的获得感和幸福感。

80. 如何构建教育科技人才一体统筹推进机制？

习近平总书记强调，“坚持推动教育科技人才良性循环，统筹实施科教兴国战略、人才强国战略、创新驱动发展战略，一体推进教育发展、科技创新、人才培养”。党的二十届三中全会《决定》强调，“统筹推进教育科技人才体制机制一体改革，健全新型举国体制，提升国家创新体系整体效能”。《纲要》提出，“构建教育科技人才一体统筹推进机制”，重点抓好以下两方面工作。

一方面，聚焦关键环节，实施一批牵引性、撬动性强的发展任务。一是聚焦提高人才自主培养水平和质量，优化高等教育布局，加快建设中国特色、世界一流的大学和优势学科。分类推进高校改革发展，建立科技发展、国家战略需求牵引的学科设置调整机制和人才培养模式，超常布局急需学科专业，加强基础学科、新兴学科、交叉学科建设和拔尖人才培养，着力加强创新能力培养，有针对性地培养更多战略科学家，打造大批一流科技领军人才和创新团队，造就规模宏大的青年科技人才队伍，培养大批卓越工程师和新兴产业领域急需紧缺人才。二是聚焦支撑高水平科技自立自强，发挥新型举国体制机制，提高基础研究的组织化程度，实施基础学科和交叉学科突破计划，建立科技创新和人才培养相互支撑，带动学科高质量发展的有效机制，从国家战略需求中凝练重大科技问题，持续产出原创性、颠覆性科技创新成果。完善高校科研评价和人才评价机制，深化教师分类评价改革，激发高校教师和青年科技人才创新活力。三是聚焦提升服务经济社会发展能力，完善高校科技创新机制，提高高校科技转化效能，加快推动高校科研成果向现实生产力转化。允许高校科研人员在科技成果转化收益分配上有更大自主权，推动高校深化职务科技成果所有权或长期使用权改革，探索职务科技成果资产单列管理制度，完善高校知识产权收益分配制度，深化高校收入分配改革，在科研人员中开展多种形式的中长期激励。

另一方面，加强顶层设计，落实一批系统性、协同性强的改革措施。一是建立教育与科技、人才一体统筹推进协调机制，建立政府部门之间及政府、高校与行业企业之间常态化定期会商机制，促进政策协调、项目统筹、资源共享和优化配置。二是促进区域资源统筹协调，高校布局、学科调整、科研规划要紧密对接北京、上海、粤港澳大湾区等国际科技创新中心建设，紧密对接区域科技创新中心建设，紧密对接国家高水平人才高地和人才集聚平台建设，完善政产学研合作机制，统筹推进全国高校区域技术转移转化中心和国家大学科技园高质量建设，形成产学研良性互动体系。三是促进政策协同配合，依托高水平研究型大学建设、国家实验室、全国重点实验室、大科学装置建设等，推进基地、项目、平台、计划一体部署建设，做好重大人才计划等配套支持，形成有组织培养拔尖创新人才、有组织开展高水平科学研究、有组织服务国家和区域高质量发展的体制机制。

81. 深化教育评价改革的思路和考虑是什么？

习近平总书记强调，“教育评价事关教育发展方向，事关教育强国成败。要紧扣建设教育强国目标，深化新时代教育评价改革，构建多元主体参与、符合我国实际、具有世界水平的教育评价体系”，“要坚决克服唯分数、唯升学、唯文凭、唯论文、唯帽子的顽瘴痼疾，从根本上解决教育评价指挥棒问题，扭转教育功利化倾向”。教育评价改革是教育综合改革的牵引和突破口，是教育强国建设的“指挥棒”。2020年，中共中央、国务院印发《深化新时代教育评价改革总体方案》，对教育评价改革作出全面部署，明确各项任务要求。近年来，党委和政府、学校、教师、学生、社会用人单位等五类主体的教育评价改革在关键领域取得实质性突破，教育评价体系日趋完善，教育评价配套制度和政策逐步健全，“五唯”的不科学教育评价导向逐步扭转，科学评价的正向引导作用有效发挥，为加快推进教育现代化、建设教育强国、办好人民满意的教育发挥了重要引领和支撑作用。党的二十届三中全会《决定》进一步指出，“深化教育评价改革”，《纲要》对此作出具体部署。

深化教育评价改革的主要思路是：聚焦立德树人根本任务，牢牢把握中国特色这个根本要求，从党中央关心、群众关切、社会关注的问题入手，以重点难点问题突破带动全局改革，破立并举，持续攻坚，加快构建多元主体参与、符合我国实际、具有世界水平的教育评价体系，牵引教育综合改革不断深化，助推教育强国建设任务落地见效。

一方面，聚焦重点难点，增强改革实效。推动各级党委和政府牢固树立正确教育政绩观，树立科学的教育评价导向，防止和纠正“分数至上”等偏差。有序推进中考改革，深化高考综合改革，深化研究生学术学位和专业学位的分类选拔，建立以创新能力、质量、实效、贡献为导向的人才评价体系，坚决破除“唯帽子”。

另一方面，完善工作机制，汇聚改革合力。建立重点改革事项压茬推进机制，推动重点领域和关键环节取得更多实质性突破。启动新一轮改革试点，切实发挥试点单位示范作用。加强典型经验总结宣传，发挥以点带面的辐射带动效应。持续开展违规事项监测，对有关单位及时提醒并督促整改。加强重大问题调查研究，发挥研究基地、学术机构、专家学者作用，为教育评价改革的深入推进提供咨询建议。

82. 如何有序推进中考改革？

中考改革是深化教育综合改革的重要内容，对于全面实施素质教育具有重要导向作用。2020年，中共中央、国务院《深化新时代教育评价改革总体方案》提出，“稳步推进中高考改革，构建引导学生德智体美劳全面发展的考试内容体系”。党的十八大以来，一系列中考改革举措落地实施，各地中考改革工作平稳推进，已初步形成基于初中学业水平考试成绩、结合综合素质评价的高中阶段学校考试招生录取模式和规范有序、监督有力的管理机制。《纲要》提出“有序推进中考改革”，既突出中考改革的重要意义，又强调中考改革须有序推进。

下一步，坚持强化育人导向、淡化升学竞争、缓解教育焦虑的改革目标，重点推进以下工作。

一是改革考试方式。完善学业水平考试，降低考试难度，增加开卷考试，科学设置中考录取计分科目和分值，提高命题质量，减少死记硬背和“机械式刷题”，充分发挥中考命题对义务教育减负提质的积极导向作用。

二是优化招生方式。加快推进招生录取多元化改革，扩大优质高中指标到校招生比例；总结和推广一些地方将综合素质评价作为中考招生重要参考的经验，逐步改变招生“唯分数”现状；对于普通高中教育资源充足、整体均衡度比较高的地区，鼓励先行先试，探索开展登记入学、均衡派位、划片招生等招生方式；严格招生管理，守住属地招生和公民同招底线，形成既有利于维护招生公平，又能满足学生个性化发展需要的良好教育生态。

三是改进评价方式。严禁向初中学校下达升学率指标，改变将升学率作为评价学校和考核教师唯一标准的做法，加快构建以发展素质教育为导向的质量评价体系，为深化中考改革、淡化考试升学竞争创造良好环境。

四是扩大优质资源。指导各地深入实施新时代基础教育扩优提质行动计划，加快扩大普通高中学位供给，积极改善学校办学条件，强化师资配备，持续推进县域普通高中发展提升，积极发展综合高中，持续扩大优质教育资源总量，努力为学生提供更加优质、更加适宜的教育，形成教育资源供需匹配的良好格局，更好满足人民群众对子女接受优质高中教育的需求。

83. 如何深化高考综合改革?

习近平总书记强调，“深化考试招生制度改革，总的目标是形成分类考试、综合评价、多元录取的考试招生模式，健全促进公平、科学选才、监督有力的体制机制”。党的十八大以来，国家陆续出台了一系列配套政策，指导 31 省（区、市）陆续启动了高考综合改革，已有 21 个省份的新高考实现平稳落地。推进考试科目改革，新高考实行部分科目可选，采取“3+3”或“3+1+2”的选考模式，给学生提供多元选择。建立综合素质评价制度，注重对学生的过程评价，客观记录学生德智体美劳成长表现。推进新高考、新课程、新教材协同育人，探索实施选课走班制。突出强调招生录取的公正公平，增加农村学生上重点高校人数，减少和规范考试加分等。当前，高考综合改革工作还面临一些困难和挑战，如中西部地区改革条件保障亟待加强，考试内容和形式改革有待深化，综合素质评价使用有待拓展等。《纲要》提出，“深化高考综合改革”。下一步，要重点推进以下工作。

一是推动高考综合改革全覆盖。指导有关省份做好新高考首考各项准备工作，加强模拟演练，完善应急预案，确保到 2027 年实现新高考在全国层面全覆盖。及时研究解决改革过程中出现的新情况、新问题，推动新高考政策巩固深化。稳步提升中西部地区改革保障能力，加强普通高中建设，重点补齐县域普通高中硬件设施和师资配备短板。加强省级考试机构能力建设，对薄弱地区开展命题帮扶工程，提升命题科学化、规范化水平。

二是深化高考考试内容和形式改革。构建德智体美劳全面考查或考核的内容体系，进一步强化学生关键能力、学科素养和思维品质考查，引导减少死记硬背和“机械刷题”现象。完善职教高考的形式和内容，加强考教衔接，推动各地因地制宜统筹组织实施职业技能考试。

三是推进信息技术赋能考试评价变革。在外语听说测试等方面开展研究，探索计算机化“智慧考试”，深度融合人工智能、大数据等技术，加强对考生真实能力的考查。

四是深化高中综合素质评价改革。推动各地进一步完善规范高中学生综合素质档案，提升综合素质评价的可信度、可用性。

84. 如何深化高校人才评价改革，破除人才“帽子”制约？

习近平总书记强调，“要继续采取措施为‘帽子热’降温，避免简单以学术头衔、人才称号确定薪酬待遇、配置学术资源的倾向”。近年来，国家围绕深化高校人才评价改革、破除人才“帽子”制约作出一系列部署。

第一，完善学术评价制度体系。出台《关于正确认识和规范使用高校人才称号的若干意见》等一系列文件，开展科技人才评价改革试点，将人才评价改革纳入《深化新时代教育评价改革总体方案》统筹推进。

第二，持续开展专项行动。开展清理“五唯”专项行动、“唯帽子”问题治理和“回头看”，对违规将人才称号与物质利益简单挂钩等事项开展常态化监测。

第三，统筹推进不同层次不同类型人才协调发展。出台新时代加强高校人才队伍建设的制度文件，指导高校深入实施人才强校战略，促进各类人才协调发展。指导高校加大青年人才引育支持力度，统筹推进博士后招收培养、青年教师考核聘用、青年人才职业发展等工作。

修订中央高校基本科研业务费管理办法，明确要求支持青年人才比例不低于50%。

第四，持续深化人才计划改革。两次修订长江学者奖励计划管理办法，突出“高精尖缺”导向，推进分类评价和小同行评价，将关键核心技术突破、发明专利、科技成果转化产业化、国际标准建设、咨政及国际传播等纳入代表性成果，不唯论文，不唯奖项。完善人才计划评审制度、优化程序、严格管理，努力打造风清气正的评审环境。

第五，规范人才合理有序流动。坚决制止抢挖中西部、东北地区支持期内的高层次人才。合理界定成果署名单位和产权单位，强化成果不随人才调动而转移，抑制抢“帽子”人才的行为。

经过近年来的系统治理，高校人才“帽子”问题得到了有效遏制，多元化教师队伍评价体系逐步建立，最大限度激发了各类人才创新创造活力。但高校面对的人才计划仍然较多，资源向有“帽子”人才集中较多，学者为“争帽子”急功近利、抢挖“帽子”人才等现象依然存在。党的二十届三中全会《决定》强调，“建立以创新能力、质量、实效、贡献为导向的人才评价体系”。《纲要》提出，“深化高校人才评价改革，破除人才‘帽子’制约”。下一步，将以“唯帽子”问题治理为抓手，切实推动人才“帽子”回归学术性、荣誉性本质，重点做好以下工作。

一是推进学术和人才评价体系改革。分类推进高校改革发展，指导高校针对战略科学家、领军人才、青年人才、卓越工程师和大国工匠等，构建不同的人才发展路径和科学的评价指标体系。

二是深化高校人事人才制度改革。统筹推进高校编制、职称、岗位、薪酬待遇等人事制度综合改革，指导高校加快建立健全校内人才体系，淡化“帽子”在高校内部对资源分配、薪酬待遇的影响。

三是支持青年科技人才成长发展。在高校遴选支持一批创新能力和潜力突出的青年科学家，通过高强度稳定支持、长周期评价，支持青年人才开展高水平自由探索和非共识创新研究。

四是持续开展治理“唯帽子”专项行动。进一步整合优化人才计划，不使用人才“帽子”对高校和院所进行排名和评价，在学科评估、“双一流”建设监测、专业学位水平评估、博士硕士学位授权点申报等工作中，常态化监督不得与人才“帽子”挂钩或暗挂钩，切实扭转高校报“帽子”、数“帽子”倾向。

五是全面从严净化学术生态。持续完善“帽子”管理制度，净化高校人才计划评审环境，加强高校教师申请境外“帽子”管理，营造风清气正的学术生态。

85. 引导规范民办教育发展的思路和举措是什么？

民办教育是社会主义教育事业的重要组成部分。截至 2023 年，全国共有各级各类民办学校 16.72 万所，占全国学校总数的 1/3；在校生 4939.53 万人，占全国在校生总数的 1/6。党和国家高度重视民办教育发展，相继出台一系列政策制度，构建多元参与、灵活多样、治理有效、规范有序的办学体制，形成层次类型齐全、功能结构互补、法律制度健全的发展局面。《纲要》提出，“引导规范民办教育发展”。下一步，要重点做好以下工作。

一是着力加强民办学校党建工作。压实民办学校党建工作责任链条，全面实施向民办高校选派党委书记，推进党的组织和党的工作高质量覆盖，坚持把党的领导贯穿办学治校全过程各方面，确保党的教育方针在民办学校得到贯彻落实。

二是着力完善民办教育政策制度体系。明确教育强国建设中各级各类民办教育发展目标和重点任务。支持民办高校立足应用型、技能型基本办学定位，提升人才培养与地区经济社会发展适配水平。鼓励公办高校与民办高校联合培养高层次人才，引导民办高校加快完善科技发展、国家战略需求牵引的专业调整机制，增强民办高等教育综合实力。

三是着力推进民办教育多样创新发展。鼓励民办学校开辟教育数字化新赛道，开放民办教育国际化发展新空间，支持民办学校开拓学习型社会建设新内涵，设立家政、康养等银发经济专业，服务全民终身学习。

四是着力提升民办教育治理水平。充分发挥民办教育工作部际联席会议机制作用，形成引导规范民办教育发展的工作合力。健全民办学校内部控制、财务管理等规定，完善民办教育“负面清单＋信用评价”治理体系，引导民办学校阳光诚信办学。推动社会多元治理，支持行业协会切实发挥作用，宣传民办教育改革发展典型经验，树立良好形象，营造良好社会氛围。

五是着力守牢民办教育安全稳定底线。统筹好发展和安全，瞄准苗头性、系统性、全局性问题，建立健全民办教育风险防控机制，完善化解重大风险的应急协调联动机制，织密民办教育安全风险防控网。

86. 如何完善人才培养与经济社会发展需要适配机制?

习近平总书记强调，“人才是衡量一个国家综合国力的重要指标”，“当今世界的综合国力竞争，说到底是人才竞争，人才越来越成为推动经济社会发展的战略性资源”。党的十八大以来，国家从促进人才培养供给侧和产业需求侧结构要素全方位融合，推动教育链、人才链、产业链、创新链有机衔接出发，不断深化职业教育、高等教育等领域改革，培养输送了大批高素质创新人才和技术技能人才，为全面建设社会主义现代化强国提供了有力人才支撑。

当前，人才供需适配度不高，行业市场人才需求端与高等教育人才供给端存在一定错位，“有活没人干”和“有人没活干”的问题凸显。《纲要》提出，“完善人才培养与经济社会发展需要适配机制”，这是新形势下主动适应建设现代化经济体系需要、持续深化高等教育供给侧改革、推动解决结构性就业矛盾、更好促进高校毕业生高质量充分就业、以人才驱动力赋能中国式现代化的重要举措。

落实《纲要》要求，应着力以产业端人才需求为导向，以就业端评价反馈为指引，以学科专业动态调整为核心，持续深化高等教育供给侧改革，促进供需两端适配，全面提升教育支撑服务经济社会发展的能力。下一步，将重点做好以下工作。

一是从需求端发力，完善人才需求预测预警机制。健全国家战略人才需求部际会商机制，推动建立国家人才供需对接大数据平台，开展人才供需适配和预测分析，推动各行业部门和地方定期编制发布分层次分类型人才需求报告和人才需求目录，增强人力资源开发的前瞻性、针对性、有效性。

二是从供给端着手，持续深化高等教育供给侧改革。以人才需求为导向，进一步优化高校层次类型和区域布局。优化国家调控、省级统筹、高校自律的学科专业动态调整机制，定期发布急需学科专业引导发展清单，开展新设学科专业人才需求前置审核和存量学科专业就业状况评估。探索开展院校、学科、专业监测“画像”。完善学生实习实践制度，提升学生就业技能。

三是从就业端突破，推动高校毕业生就业指导服务全面提质升级。力争用3至5年时间，基本建立覆盖全员、功能完备、保障有力的高校毕业生高质量就业服务体系。加强就业与招生、培养联动，深入开展高校毕业生就业状况跟踪调查，加强就业质量监测与评价反馈，为人才培养改革、招生计划调整、教育质量评估等提供参考。

87. 如何加快构建高校毕业生高质量就业服务体系?

习近平总书记强调，“要切实做好以高校毕业生为重点的青年就业工作”。高校毕业生就业是学校育人的“最后一公里”，是高等教育人才培养与经济社会发展需求贯通的连接点。加快构建高校毕业生高质量就业服务体系，是构建优质均衡基本公共教育服务体系和高质量高等教育体系的重要内容，也是畅通教育、科技、人才良性循环的重要着力点。

党的十八大以来，国家实施就业优先战略，高度重视促进高校毕业生等青年群体就业。引导树立正确的择业就业观念，举办全国大学生职业规划大赛，开展就业育人教育活动，鼓励更多毕业生到祖国需要的地方建功立业。推出系列稳岗促就业政策，实施“三支一扶”“特岗计划”“西部计划”“乡村医生计划”等基层服务项目，持续拓宽毕业生就业渠道。搭建国家大学生就业服务平台，指导各地各高校建设区域性、行业性就业服务市场，广泛开展校园招聘活动。高校毕业生就业政策体系、工作机制和指导服务模式更加健全，为经济社会发展输送了数千万高素质人才。但是，随着就业外部环境的变化，高校毕业生就业工作在供需适配、服务升级、机制优化等方面仍存在不少短板和弱项，需要进一步优化工作体制机制。《纲要》提出，“加快构建高校毕业生高质量就业服务体系”，明确了今后一个时期高校毕业生就业工作的重点任务。

主要工作目标是：经过一段时间的努力，基本建立覆盖全员、功能完备、保障有力的高校毕业生高质量就业服务体系，促进高校毕业生高质量充分就业。

构建高校毕业生高质量就业服务体系，要从就业指导、求职招聘、帮扶援助、监测评价、支持保障等就业服务全链条统筹推进。就业指导方面，把就业教育作为全员全过程全方位育人的重要内容，做实生涯教育与就业指导，引导牢固树立正确就业观，健全就业实习与见习制度。求职招聘方面，强化校园招聘和就业市场服务，推进重点领域人才服务，优化规范招聘安排和秩序，拓宽市场化社会化就业渠道，开发新的就业增长点。帮扶援助方面，为脱贫家庭、低保家庭、零就业家庭，以及有残疾的、较长时间未就业的高校毕业生等帮扶对象提供服务和援助，加强对帮扶对象的能力培训，健全帮扶机制。监测评价方面，加强就业形势研判和进展监测，推进高校毕业生就业风险预警，开展高校毕业生就业状况跟踪调查和就业工作综合评价，强化高校毕业生就业质量和工作评价结果使用。支持保障方面，建强高校毕业生就业服务机构，打造专业化就业指导教师队伍，深化高校毕业生就业研究，推广数字化就业服务新模式，营造公平就业环境和良好氛围。

88. 如何提升依法治教和管理水平？

习近平总书记强调，“要坚持依法治教、依法办学、依法治校”。教育法治是教育治理现代化的基石，依法治教是法治中国建设和教育强国建设的重要结合点。党的十八大以来，我国教育法律体系日趋完善，依法治教水平不断提升。但是，教育法律还有一些薄弱点、空白点，青少年法治教育的针对性和实效性有待提高，教育行政和学校管理有法不依现象仍然存在。面对更加多元的利益诉求、更加复杂的管理实践，迫切需要进一步推进依法治教，用法治凝聚共识、理顺关系、明确权责、化解矛盾、维护稳定、应对风险、服务发展，为教育强国建设提供有力的法治保障。《纲要》提出，“提升依法治教和管理水平”。下一步，要重点做好以下工作。

一是健全教育法律制度体系。以教育法典编纂为引领，坚持法律法规规章并举，系统推进教育立法工作。着力谋划增长点，深入推进教育法典编纂，将习近平总书记关于教育的重要论述转化为国家意志、落实为法律规范，一揽子、系统性地推进教育立法。着力补强薄弱点，推动《中华人民共和国教师法》《中华人民共和国国家通用语言文字法》等法律以及《中华人民共和国中外合作办学条例》《教育督导条例》等行政法规的制订与修订。同时，用好规章立法权，加强部门规章建设，提高制度供给的及时性、有效性。指导推动地方加强地方教育立法。

二是完善学校管理体系。改进政府管理，更新管理理念和管理方式，推进依法行政，厘清政府权力边界，减少直接管理、微观管理，规范管理“三评一竞赛”“进校园”等，推动落实和扩大学校办学自主权，保证学校事情学校办。加强制度供给、规划指导、教育督导、信息服务、执法监督等宏观管理，提高管理效能。深入推进依法治校，推动学校健全以章程为统领的规章制度体系，健全党对学校的领导体制，完善学校内部治理结构，健全教职工代表大会、家长委员会等民主参与管理形式，建设依法办学、自主管理、民主监督、社会参与的现代学校制度，提高学校自我管理能力。健全学校服务师生的体制机制，提高师生的获得感和满意度。加强对教育系统领导干部的普法。完善师生科研诚信和作风学风教育培训机制，加强对科研诚信和作风学风教育培训的指导和监督，推动高校发挥科研诚信和作风学风教育培训主体作用，引导师生增强科研诚信和作风学风主动自觉。

三是构建法治教育体系。改进法治宣传教育，着力推进法治教育内容一体化，遵循青少年身心发展规律和认知特点，一体设计大中小学法治教育课程，将习近平法治思想、宪法、民法典等内容贯穿始终。着力推进法治教育方式多样化，坚持将开好主课与融入多学科相结合、线上与线下教育相结合、课内和课外相结合、集中教育与日常活动相结合，通过正面引导，让青少年知法明理、健康成长。着力推进法治教育师资专业化，推动学校配备与课程设置相当的法治课专业教师，加强法治课师资培养培训，提升法治课教师执教能力和水平。着力推进法治教育主体多元化，进一步加强资源统筹，强化与有关部门的沟通协作，健全紧密有效的协同工作机制，凝聚工作合力。着力推进法治教育保障制度化，推动健全法治宣传教育法律制度体系。

89. 健全教育战略性投入机制的主要思路是什么?

习近平总书记强调,“各级党委和政府要始终心怀‘国之大者’,坚持教育优先发展,在组织领导、发展规划、资源保障、经费投入上加大力度”。教育投入是支撑国家长远发展的基础性、战略性投资,是教育事业发展的物质基础。教育投入水平必须与建设教育强国要求同步,必须与全面建设社会主义现代化国家、全面推进中华民族伟大复兴的历史进程同步,必须与经济社会高质量发展的历史阶段同步。党的十八大以来,国家优先保障、不断扩大教育投入,确保国家财政性教育经费支出占国内生产总值的比例连续 12 年保持在 4% 以上,使教育优先发展的战略地位更加稳固。2023 年,国家财政性教育经费投入首次超过 5 万亿元,较 2012 年翻了一番多,有力保障了我国建成世界规模最大且有质量的教育体系,推动教育事业发生了格局性变化。但是仍存在财政教育投入水平与教育强国建设要求不完全匹配、社会教育投入力度有待加强、教育投入绩效需要进一步提高等问题。

《纲要》提出,要“确保财政一般公共预算教育支出逐年只增不减,确保按在校学生人数平均的一般公共预算教育支出逐年只增不减，保证国家财政性教育经费支出占国内生产总值比例高于4%”。落实“两个只增不减，一个高于”的要求，切实发挥教育的基础性、战略性支撑作用，必须健全与之相匹配的教育战略性投入机制，稳步加大教育投入力度，为教育强国建设提供坚强保障。一是必须把“优先投入”作为根本方针。依法落实国家优先发展教育事业的法定地位，推动各级政府依法落实优先保障教育投入的法定责任。二是必须把“保住底线”作为首要任务。始终坚守4%这一财政教育投入底线，推动落实“财政一般公共预算教育支出逐年只增不减、按在校学生人数平均的一般公共预算教育支出逐年只增不减”的投入要求，确保教育优先发展战略地位落到实处。三是必须把“稳定增长”作为基本要求。坚持建章立制、构建体系，通过制度设计、政策设计、标准设计带动投入的增加，确保教育投入持续稳定增长。四是必须把“逐步提高”作为中长期目标。不断扩大教育经费总量，进一步巩固完善政府投入为主、多渠道筹措教育经费的体制，依法逐步提高财政性教育经费占国内生产总值的比例，逐步提高社会投入占比。

90. 建立学生资助标准动态调整机制，主要考虑是什么？

习近平总书记强调，“完善覆盖全学段学生资助体系”，“健全学生资助制度，使绝大多数城乡新增劳动力接受高中阶段教育、更多接受高等教育”。党的十八大以来，国家不断完善学生资助政策，大力推进精准资助，全面深化资助育人，持续加强规范管理，推动学生资助工作高质量发展，建成了覆盖所有学段、所有学校、所有家庭经济困难学生的，“奖、助、贷、免、勤、补、减”多元政策相结合的中国特色学生资助体系。2023 年，我国学生资助的年资助人次达 1.6 亿（不包括义务教育免除学杂费和免费教科书），年资助金额 3100 多亿元，较 2012 年增加约 1800 亿元。

《纲要》提出，“建立学生资助标准动态调整机制”。这一政策举措将保证学生资助标准随着经济发展和国民收入水平增长稳步提升，进一步加强保障家庭经济困难学生顺利入学、安心学业、成长成才，对实现教育公平、促进社会公正、完善资助育人体系、提高人才培养质量具有重要意义。建立这一机制主要有以下三方面考虑。

一是确保学生资助政策更加公平有效。建立资助标准随经济增长和物价上涨而上浮的动态调整机制，动态调整资助的范围标准，使所有家庭经济困难的学生都能够获得必要的资助，不会因为经济原因而失去学习的机会，确保资助政策的公平性。动态调整各学段国家奖助学金标准、助学贷款额度等，以适应学生生活成本的变化，满足学生的资助需求，确保资助政策切实有效。

二是增强学生资助的科学性、精准性。推动各地根据所辖地区经济发展水平、财政状况及家庭经济困难学生分布状况，差别化确定资助比例和标准，确保资助标准的科学性与合理性。建立社会救助数据和学生资助数据共享与信息互通机制，努力做到及时资助、精准资助。

三是助力基本公共教育服务优质均衡。《关于构建优质均衡的基本公共教育服务体系的意见》强调完善资助标准动态调整机制，推动构建优质均衡的基本公共教育服务体系。重点支持和引导地方加快推进义务教育优质均衡发展和城乡一体化。

91. 如何引导规范社会力量投入和捐赠教育？

习近平总书记强调，“把政府资助和社会捐赠结合起来，加大科研投入，提高经费使用效率”，“要稳步增加基础研究财政投入，通过税收优惠等多种方式激励企业加大投入，鼓励社会力量设立科学基金、科学捐赠等多元投入”。社会力量投入和捐赠是教育经费的重要来源。建设教育强国，需要围绕教育事业高质量发展，进一步优化教育经费结构，完善加大社会投入和吸引社会捐赠的税收制度和激励政策，全面激发社会力量投入教育公益事业和捐赠教育的主动性、积极性，促进社会力量投入和教育捐赠显著增长。

党的十八大以来，由社会与个人投入组成的非财政性教育经费日益增长，社会力量办学积极踊跃，教育公益事业得到迅速发展，新生力量不断涌入，大额捐赠持续增长。当前，我国非财政性教育经费在总教育经费中的占比还偏低，教育成本上升，教育事业对社会资源依赖程度显著增加，社会捐赠率还不高。《纲要》提出，“引导规范社会力量投入和捐赠教育”。下一步，要重点抓好以下工作。

一是引导规范社会力量投入各级各类教育。逐步提高教育经费总投入中社会投入所占比重，完善政府补贴、政府购买服务、基金奖励、捐资激励、土地划拨等政策制度。引导民办学校规范办学，支持办好非营利性民办学校，鼓励企业举办和参与举办职业院校和职业培训机构。完善非营利性民办学校财务监管制度，加强办学行为监管，遏制资本在教育领域的无序扩张，使教育家办学、捐资助学蔚然成风。引导民办学校、教育科技企业顺应教育数字化和全民终身学习发展需求，探索教育服务新领域新模式，提供多样化的教育服务。

二是大力发展教育公益事业。做好传统教育公益项目，设立优质教育公益新项目，丰富教育公益参与渠道，培育教育捐赠文化，提高企业、社会组织、个人等主体的捐赠积极性。鼓励社会力量依托“互联网＋教育”，利用双师课堂、教师培训、AI课堂、直播网课等方式为乡村教育提供支持，以公益方式探索新理念、创办新型学校，为中小学教育提质升级、学生发展、卫生健康保障、素质提升、软硬件建设等引进多种资源，为教育强国建设贡献力量。

三是完善财政税收政策。通过实施税收优惠政策鼓励个人、企业和机构积极参与教育事业。按照国家有关规定，居民个人发生的公益捐赠支出，在综合所得、经营所得中扣除的，扣除限额分别为当年综合所得、当年经营所得应纳税所得额的30%；在分类所得中扣除的，扣除限额为当月分类所得应纳税所得额的30%。企业通过公益性社会组织或者县级（含县级）以上人民政府及其组成部门和直属机构，用于慈善活动、公益事业的捐赠支出，在年度利润总额12%以内的部分，准予在计算应纳税所得额时扣除；超过年度利润总额 12% 的部分，准予结转以后三年内在计算应纳税所得额时扣除。纳入产教融合型企业建设培育范围的试点企业，兴办职业教育的投资符合规定的，可按投资额的 30% 比例，抵免该企业当年应缴教育费附加和地方教育附加。

四是激励高校拓宽资金来源渠道。中央财政从 2009 年起设立中央高校捐赠配比专项资金，对中央高校获得符合规定条件的社会捐赠收入进行奖励补助。各地可参照《中央高校捐赠配比专项资金管理办法》设立地方高校捐赠收入财政配比资金。要进一步利用高校独特资源优势，建立长期筹资机制，规范大学基金会运营管理，建立永续性募资规划，提升捐赠率，吸引大额捐赠、校友捐赠。

92. 如何理解完善教育对外开放战略策略的重要意义？

习近平总书记强调，“推进教育现代化，要坚持对外开放不动摇，加强同世界各国的互容、互鉴、互通”。《纲要》明确提出，“完善教育对外开放战略策略，建设具有全球影响力的重要教育中心”。

党的十八大以来，中国教育国际影响力大幅提高。

一是中国教育的朋友圈大了，与世界各国普遍开展了教育合作交流。85 个国家把中文纳入国民教育体系，国际中文学习者和使用者累计已超过 2 亿人。二是中国教育的吸引力强了。195 个国家和地区的留学生来华求学，学历生比例提高到 60% 以上。三是中国教育的贡献度高了。主办世界数字教育大会、世界职业技术教育发展大会、世界慕课与在线教育大会、世界中文大会，发布数字教育合作上海倡议、世界职业教育发展天津共识，贡献中国智慧。在上海设立的国际 STEM 教育研究所成为联合国教科文组织第十个一类中心，也是该组织在欧美地区外首个全球性一类中心。

当今时代，教育对外开放是国家整体对外开放的重要组成部分，将为国家完善高水平对外开放体制机制、稳步扩大制度型开放、优化区域开放布局、打造开放高地、推进高质量共建“一带一路”提供有力支持。高水平教育国际交流合作是服务教育改革发展的重要支撑，完善教育对外开放战略策略能够更好统筹“走出去”和“引进来”，更有效利用世界一流教育资源和创新要素，为推动教育高质量发展、提升人才培养效能注入强大动能。

面向未来，要不断完善教育对外开放战略策略。一方面，坚定不移“引进来”。鼓励高校有效利用国际一流的教育资源和创新要素，引进最优秀的国外大学资源，特别是理工类大学，开展高水平中外合作办学。来华留学方面，大力推进“留学中国”品牌和能力建设，吸引海外优秀人才来华学习、来华交流。青年交流方面，办好高水平国际暑期学校重点项目，高质量落实5年邀请5万名美国青少年来华交流、3年邀请1万名法国青少年来华交流、欧洲来华交流青少年人数翻番倡议。让中国青年和全世界青年深入互动，进一步夯实民心相通基础。另一方面，从容不迫“走出去”。进一步提高中国教育的世界感召力、影响力和塑造力。推进高等教育出海，坚持“支持留学、鼓励回国、来去自由、发挥作用”的留学工作方针，鼓励学生能够到国外留学。继续办好世界职业技术教育发展大会、世界职业院校技能大赛和世界职业技术教育展。高质量推动“一带一路”职业教育合作，支持中国职业院校有序开展海外办学。办好世界数字教育大会、世界慕课与在线教育大会，推进中国数字教育稳健出海。

93. 提升全球人才培养和集聚能力的工作思路是什么？

习近平总书记强调，“综合运用国际国内两种资源，培养造就更多优秀人才”，“要实行更加积极、更加开放、更加有效的人才政策，加快形成具有国际竞争力的人才制度体系，构筑汇聚全球智慧资源的创新高地”。提升全球人才培养和集聚能力，是建设具有全球影响力的重要教育中心的必然要求，是扩大高水平教育对外开放的重要目标。《纲要》提出，要“提升全球人才培养和集聚能力。加强对出国留学人员的教育引导和服务管理”。下一步，要重点做好以下工作。

一是充分运用优质资源培养复合型国际化人才。面向高校学生，加强高层次国际化人才培养。集聚外语院系和专业院系力量，探索“外语 + 专业 + 国际胜任力”的国际组织后备人才培养模式。创新“外语 + 全媒体 + 国情教育”课程体系，培养高素质复合型国际传播人才。依托中国国际大学生创新大赛等搭建高水平国际交流平台，为学生创造更多机会，拓宽培养推送渠道。同时，大力推进“留学中国”品牌建设，全面提升来华留学人才培养质量和管理水平，加快中国政府奖学金体制改革，做大做强国际暑期学校项目，吸引各国优秀青年来华交流学习。

二是提升全球优秀人才聚集能力。优化公派留学区域、高校和学科专业布局。建设国家留学人员综合服务平台，集行前培训、国（境）外学历学位认证、留学人才回国服务等功能于一体，搭建“出国留学—留学在外—为国服务”一站式服务载体。支持北京、上海、粤港澳大湾区建设高水平人才高地，支持高层次人才集中的中心城市吸引和集聚人才。鼓励和引导高校积极参与建设高水平科研平台。实施卓越人才国际化培养项目。

三是扩大中外青少年交流。持续办好“一带一路”青年创意与遗产论坛、“知行中国”系列活动、“千校携手”交流项目、“汉语桥”语言交流项目、中美青年创客大赛、中外中学生 STEM 学术营、中俄大学生艺术联欢节等项目和活动。同时，以双向留学为依托，进一步增进青少年交流互鉴。开展获“感知中国”中国政府奖学金学生的社会实践和文化体验活动，举办“我与中国的美丽邂逅”来华留学生征文暨短视频大赛，鼓励留学生通过文字和镜头讲述他们在华学习生活的故事。落实好“未来 5 年邀请 5 万名美国青少年来华交流学习”重大倡议，推动未来 3 年法国来华留学生突破 1 万人、欧洲青少年来华规模翻一番，实施“中俄名校 10+10 联合培养优秀人才计划”，推动“亚洲校园”项目提质扩容。

94. 如何加强“留学中国”品牌和能力建设？

习近平总书记指出，“打造更具国际竞争力的留学教育，将我国建成全球主要留学中心和世界杰出青年向往的留学目的地”，“大力推进‘留学中国’品牌建设”，为新时代来华留学工作指明了前进方向，提供了根本遵循。党的十八大以来，来华留学工作质量结构持续优化，“留学中国”的品牌影响力持续提升。我国已成为全球重要留学目的地国，2023 年来华留学生中学历生占比 67%，较 2012 年提高了 26%；管理服务水平不断提高，已建成覆盖招生管理、教学培养、签证居留、医疗保险等各环节的政策体系；培养效益不断显现，培养了一大批高层次国际人才和知华友华国际人士，也为“一带一路”共建国家培养了大批急需紧缺专业人才。《纲要》提出，“加强‘留学中国’品牌和能力建设”。下一步，要重点做好以下工作。

一是强化内涵建设，提升“留学中国”效能。有效运用科学评价手段，激励高校将来华留学工作纳入本校学科专业发展、人才培养总体战略，全面提升课程设置、教材编写、实验实践、课堂教学、师资选聘、毕业评价、校友联系等各环节质量和国际化水平，主动面向教育科技发达国家、专业学科领域有特色国家、共建“一带一路”国家拓展招生路径，吸引优质生源。有效统筹相关部门、地方及高校力量，孵化并培育一批具有较强影响力和示范性的国际暑期学校等特色短期学术科研交流品牌项目，涵养优质来华留学生源。

二是提升治理能力，推进来华留学管理现代化。完善来华留学政策制度设计，多措并举建立协同管理保障机制，全面提升来华留学管理水平。完善各层次来华留学生入学考试考核，优化生源结构，吸引更多优质生源。推进中外学生教育教学管理、考试考核制度和日常生活服务趋同化。加强来华留学生的中国国家概况、法律法规教育，促进中外学生相互了解、建立友谊。压实各部门各地各校管理责任，提高跨部门协作和数字化管理水平。

三是推进品牌塑造，扩大“留学中国”影响力。加强多部门联动，运用多元化传播渠道和全媒体矩阵，创新和丰富“留学中国”品牌宣介模式，提高来华留学信息触达度和国际辐射面。支持优秀学生分享在华学习生活经历和体验感悟，塑造“留学中国”品牌形象。

95. 如何提升高等教育海外办学能力？

高等教育海外办学是我国教育“走出去”的重要举

措，对提升我国高等教育国际竞争力、影响力具有重要意义。2019年发布的《高等学校境外办学指南（试行）》，为高校自主开展海外办学提供了标准指引和技术指导。截至2023年年底，我国已建成的境外办学机构或项目达60个。牵头成立世界慕课与在线教育联盟，建设“爱课程”和“学堂在线”两个在线教学国际平台，向全世界大学生和学习者提供了包含14个语种的1000余门在线课程，全球累计选课达100余万人次。总体来看，大多数海外办学机构和项目运行平稳，特别是国内高水平大学和边疆、特色大学海外办学已形成了一定影响，与办学所在国政府、高校和社会组织形成了良好的合作关系。但我国高校境外办学还处于起步阶段，面临政策法规和监管框架有待完善、教育境外投资还存在政策法律限制、出入境审批等政策尚需优化、境外办学风险控制还不健全等问题。《纲要》提出，“提升高等教育海外办学能力”，进一步明确了我国高等教育“走出去”、树立品牌形象、扩大国际影响力的要求。落实《纲要》要求，要重点做好以下工作。

一是聚焦重点领域开展高质量人才培养国际合作。围绕拔尖创新人才培养、创新教育等，积极开展高等教育国际合作交流，汇聚相关国家政府、机构、知名高校力量，搭建全球性高等教育合作交流平台。大力推动优势特色学科专业海外办学，总结中医药特色专业海外办学等有益经验，结合我国传统文化优势和有关高校学科专业特色，进一步开展海外办学，打造形成一批世界知名高等教育品牌。

二是推动中国国际大学生创新大赛海外办赛。充分发挥大赛“百国千校千万人”的国际创新平台优势，深化与相关国家、国际高校的创新交流合作，探索在有关国家和地区举办大赛海外区域赛，鼓励和吸引更多国际高校青年学生报名参赛，深入推进国际技术创新交流与科技创新转化合作，让大赛发挥创新育人作用，深化新形势下中外青年人文交流。

三是推动人工智能赋能高等教育“走出去”。牢牢把握教育数字化战略机遇，按照集成化、智慧化、国际化的总思路，在深入推进慕课“走出去”的基础上，重点面向共建“一带一路”国家，推动从慕课“走出去”向数字教育整体“走出去”升级。不断扩大世界慕课与在线教育联盟的“朋友圈”，每年举办世界慕课与在线教育大会，围绕人工智能赋能教学开展系列高端培训交流活动，建好国家高等教育智慧教育平台，发布《超越地平线：人工智能赋能高等教育全球发展报告》，积极推动人工智能教育装备、平台、工具、课程教材资源、标准等“走出去”。

96. 如何完善职业教育产教融合、校企协同国际合作机制？

习近平总书记指出，“通过鲁班工坊等推进中外职业教育合作”。新时代的中国职业教育正以昂扬的姿态阔步走向世界舞台，成为促进国际产能合作、扩大中国教育国际影响、服务国家外交大局的战略资源。《纲要》提出，“完善职业教育产教融合、校企协同国际合作机制”，对职业教育国际合作提出了新的要求。

当前，随着国际产能合作和共建“一带一路”深入实施，中国企业加速海外布局。截至2023年年底，我国在全球189个国家和地区设立对外直接投资企业4.8万家，有近400万个就业岗位需要海外技能人才。目前，我国职业学校在82个国家和地区建立500多个办学机构和项目，90%布局在共建“一带一路”国家，涌现出“鲁班工坊”“中文工坊”“现代工匠学院”等一批国际化办学品牌项目。目前已在亚非欧三大洲30个国家合作建成34个鲁班工坊，累计培养学历教育学生近万人，职教培训达3.1万人次。由中国有色金属行业牵头10

所职业院校成立的中国—赞比亚职业技术学院，已毕业的两届学生中有近 90% 被当地中资企业录用。2023 年，南京工业职业技术大学与柬华理事总会在柬埔寨成立柬华应用科技大学，成为我国在境外兴办的第一所职业本科学校。一系列举措让中国的职业教育逐步成为中国教育对外开放新的支撑点以及开展中外经贸和人文交流合作新的载体。

推动职业教育国际合作交流，要重点抓好以下工作。一是优化区域布局，分国别编制海外合作办学清单，推动职业教育助力中国企业走出去，服务国际产能合作和大国外交。二是加大政策引导。在国家层面加强统筹指导，研究制定规范职业学校境外办学的政策性文件，突出各方主体责任，完善管理和质量保障体系。建立境外办学备案制度，及时掌握各地各校办学情况。开展境外办学工作成效评估，并将此纳入职业学校办学能力建设考核。三是积极推广中国职业教育模式和标准。加强师资队伍、专业课程国际化建设，推动专业设置、人才培养、职业资格等标准出海。发布职业教育认证标准有关协议，进一步提升我国对世界职业教育的塑造力、引领力。

97. 扩大国际学术交流和教育科研合作的思路举措是什么?

习近平总书记指出，“扩大国际学术交流和教育科研合作”。这是扎实推动教育强国建设，深入实施科教兴国战略、人才强国战略、创新驱动发展战略的有力支撑，也是提升国家文化软实力和国际影响力的重要举措。党的十八大以来，我国国际学术交流和教育科研合作事业迅速发展。目前，我国同 183 个建交国普遍开展了教育合作与交流，与超过 60 个国家和地区签署了学历学位互认协议。深入实施共建“一带一路”教育行动，加强同共建国家教育领域互联互通。据不完全统计，各国“鲁班工坊”累计为合作国培养学历教育学生 9000 多名，开展各级各类培训 3 万余人次。2023 年，北京大学等 46 所顶尖高校面向全球学生举办 112 期国际暑期学校，有 1341 名国内外顶尖学者和名师开设 1141 门前沿精品课程、3.1 万名来自国内外高校的优秀本硕博学生听课交流，提升了学生的英语水平和国际交流能力。同时，为积极应对国际竞争加剧、文化差异、技术壁垒等诸多挑战，需加速推动我国在国际学术交流和教育科研合作领域的进程。《纲要》提出，“扩大国际学术交流和教育科研合作”。下一步，要重点做好以下工作。

一是加强国际交流与合作。完善科研机构及师生与国外的双向合作机制。一方面可通过参与国际学术会议、研讨会、访学、中外合作办学等方式促进师生交流与合作；另一方面要鼓励国内学校、科研机构与国外高水平大学和研究机构等建立伙伴关系，深化人才培养和科研项目共研。发展一系列多样化的出海项目，探索校企协同出海的办学模式、“企业‘走出去’+人才订单班”的培养模式。此外，积极推动我国同其他国家学历学位互认、标准互通、经验互鉴。

二是加大人才引进和培养力度。加大对优秀专家学者、青年后备人才开展国际学术交流的支持力度，加强对留学人员的服务与管理，健全留学人员归国就业创业优惠政策，吸引更多优秀留学人员回国服务、为国服务。大力推进“留学中国”品牌和能力建设，吸引各国优秀青年来华留学。

三是提升我国教育科研国际影响力和竞争力。通过举办国际文化节、文化展览、竞赛等国际学生文化交流活动，促进中外文化的交流与互鉴，提升我国文化的国际传播力和影响力。加快培育世界一流科技期刊，建设具有国际影响力的科技文献和数据平台。加强与国际组织紧密合作，推动落实联合国教育目标，并鼓励教育领域的优秀人才参与国际组织的工作，支持青年师生参与国际志愿服务和合作项目，提高我国在全球教育治理工作中的活跃度与贡献度。

98. 如何积极参与全球教育治理？

习近平总书记指出，“要积极参与全球教育治理”，“讲好中国故事、传播中国经验、发出中国声音，增强我国教育的国际影响力和话语权”。近年来，我国积极参与联合国教科文组织等发起的重大全球教育倡议，担任全球教育治理机构成员，积极参与教育公约、建议书等制定，在全球教育治理中的作用不断提升，参与能力不断增强。《纲要》提出，要“积极参与全球教育治理”。下一步，要重点做好以下工作。

一是积极与世界分享中国教育改革的思想理念。结合中国式教育现代化的丰富实践，进一步深化对习近平总书记关于教育的重要论述的研究阐释，形成可与世界分享的中国教育改革发展的思想理念与方案，多渠道、多形式进行国际传播，为全球教育治理做出更多思想贡献。

二是更加积极深入参与全球教育议程。深化与联合国教科文组织的合作，加强对国际教育倡议行动、教育规则、旗舰项目和计划实施情况的跟踪研究，以及对全球教育变革与发展趋势、面临挑战及对策的前瞻研究，积极参与全球教育发展议程磋商、教科文组织各大计划与旗舰项目以及重大国际规则的制定和实施。

三是不断扩展同有关国际组织和多边机制的教育交流合作。积极参与二十国集团、亚太经合组织、金砖国家、联合国儿童基金会等国际组织和多边机制教育合作，宣介我国教育改革发展经验成就，推动引领相关领域合作。实施金砖数字教育能力建设计划，在金砖国家设立海外学习中心。依托多边平台深化同有关国家的多边教育交流，积极参与全球教育治理。

四是支持联合国教科文组织办好国际STEM教育研究所。从中国教育现代化战略需要和国际教育交流合作需求出发，建设覆盖各级各类学校的STEM教育研究创新与国际交流合作网络，与国际STEM教育研究所建立紧密合作关系。支持该研究所汇聚全球STEM教育最新理念、最新案例，发挥其作为STEM教育创新平台和国际交流合作平台的全球引领作用。

五是努力向全球提供更具针对性的教育公共产品。支持联合国教科文组织办好女童和妇女教育奖、孔子教育奖等相关教育奖项，不断优化奖项内容与奖励重点，推动奖项在鼓励全球教育创新、实现全球教育目标方面发挥更大作用。根据全球教育发展需求特别是发展中国家教育发展需求，在我国力所能及的范围内，合作办好长城奖学金，继续实施好信托基金项目，帮助非洲等地区的发展中国家提升教育变革和发展的能力，特别是急需应用型人才培养的能力。

六是打造教育对外交流合作立体矩阵。推动设立区域全面经济伙伴关系协定（RCEP）国际教育合作区。统筹用好学校、研究机构、民间团体、非政府组织等资源力量，实施中国教育品牌培育计划。支持在华设立教育类国际组织、学术联盟，支持高校、科研机构及国际组织打造高质量国际学术期刊，发布有国际影响力的指数与报告，增强我国教育的国际影响力和话语权。

99. 如何健全党对教育工作全面领导的制度体系和工作机制？

习近平总书记强调，“我们要建设的教育强国，是中国特色社会主义教育强国，必须以坚持党对教育事业的全面领导为根本保证，以立德树人为根本任务，以为党育人、为国育才为根本目标”。党的十八大以来，党对教育工作的领导得到全面加强。中央、地方组建各级教育工作领导小组，党委统一领导、党政齐抓共管、部门各负其责的教育领导体制日趋完善，教育系统机关党建制度、党的基层组织建设制度不断健全。高校党的领导体制不断完善，中小学校党组织领导的校长负责制建设在各地有序推广。《纲要》提出，到 2035 年，“党对教育事业全面领导的制度体系和工作机制系统完备”。下一步，要重点做好以下工作。

一是不断完善党委统一领导、党政齐抓共管、部门各负其责的教育领导体制。充分发挥中央教育工作领导小组统筹协调、整体推进、督促落实的作用，推动解决教育强国建设中的重大问题，加强教育强国建设的监测评价。各级党委和政府要始终心怀“国之大者”，坚持教育优先发展，在组织领导、发展规划、资源保障、经费投入上加大力度。教育部门和各级各类学校的党组织要深刻领悟“两个确立”的决定性意义，进一步增强“四个意识”、坚定“四个自信”、做到“两个维护”，自觉在政治立场、政治方向、政治原则、政治道路上同党中央保持高度一致。各级党委要把加强对教育工作的全面领导当作重要职责，把教育改革发展纳入议事日程，党政主要负责同志要熟悉教育、关心教育、研究教育。

二是坚持和加强党对高校的全面领导，健全上下贯通、执行有力的组织体系。健全高校党委领导下的校长负责制，强化党委领导核心作用，切实履行管党治党、办学治校主体责任。高校党委要保证正确办学方向，掌握高校思想政治工作主导权，保证高校始终成为培养社会主义建设者和接班人的坚强阵地。各级党委要把高校思想政治工作摆在重要位置，加强领导和指导。认真贯彻新时代党的建设总要求和新时代党的组织路线，增强高校基层党组织政治功能和组织功能，加快构建学校党委、院系党组织、基层党支部、党员“四位一体”的组织体系，推进党建工作与学校事业发展深度融合。积极实施高校党组织“对标争先”建设计划，做好示范高校、标杆院系和样板支部的创建工作，落实高校教师党支部书记“双带头人”培育工程，提升党支部建设标准化、规范化水平。加强民办高校、中外合作办学机构党的建设，确保党的工作在高校系统全覆盖。

三是坚持分类指导、分步实施的原则，全面推进建立中小学校党组织领导的校长负责制。中小学校党组织全面领导学校工作，履行把方向、管大局、作决策、抓班子、带队伍、保落实的领导职责。要充分发挥中小学校党组织领导作用，坚持社会主义办学方向，落实立德树人根本任务，确保党的教育方针和党中央决策部署在中小学校得到贯彻落实。建立健全议事决策制度，完善协调运行机制。选好配强学校领导班子，加强学校领导班子思想政治建设。加强学校基层党组织和党员队伍建设，建立与中小学校党组织领导的校长负责制相适应的保障机制，健全党务工作机构，充实党务工作力量，落实党务工作队伍激励保障措施。

四是加强意识形态阵地建设和管理，涵养办学治校良好政治生态。牢牢掌握党对意识形态工作的领导权，坚持马克思主义在意识形态领域指导地位的根本制度，压紧压实意识形态工作责任制。各地各校要坚持正确政治方向、舆论导向、价值取向，持续加强各类思想文化阵地建设管理，深入开展总体国家安全观教育，有效防范和化解意识形态领域风险，维护意识形态安全。推动教育系统各级党组织认真履行全面从严治党政治责任，持续推进政治监督具体化、精准化、常态化，健全风腐同查同治工作机制和廉政风险防控机制，建立健全全面从严治党责任体系，巩固深化党纪学习教育成果，高质量做好正风肃纪反腐各项工作，持续开展廉洁教育、警示教育、纪律教育，一体推进党风政风、师德师风、校风学风建设，营造风清气正的政治生态和良好的育人环境。

100. 如何切实抓好《纲要》贯彻落实?

《纲要》是新时代面向2035年建成教育强国、指导我国教育改革发展的中长期规划纲要，是一份具有重大战略意义的指导性文件。《纲要》涉及面广、时间跨度大、任务重、要求高，必须周密部署、精心组织、认真实施，确保各项任务落到实处。

一是深入领会精神，统一思想认识。《纲要》集中体现了以习近平同志为核心的党中央对推动教育改革发展、建设教育强国的规律性认识，突出强调了教育在中国式现代化进程中的基础性、先导性、全局性、支撑性作用。学习《纲要》，要结合学习领会习近平总书记关于教育的重要论述，特别是在全国教育大会上的重要讲话精神和《论教育》一书，全面准确领悟其丰富内涵、精神实质和实践路径，切实增强投身教育强国建设的责任感和使命感。要开展好多形式、分层次、全覆盖的学习培训宣讲活动，引导广大干部教师深刻理解把握《纲要》确定的战略目标、战略支点、战略举措，统一思想、凝聚共识，更新观念、提升能力，把思想和行动统一到中央部署和《纲要》的要求上来，推动各项工作落地见效。

二是明确目标任务，落实责任分工。贯彻落实《纲要》精神，是当前和今后一个时期各级党委和政府的重要任务，是教育战线的主要工作。各级党委和政府要落实主体责任，坚持教育优先发展，把推进教育强国建设纳入重要议事日程，在组织领导、发展规划、资源保障、经费投入上加大力度。主要负责同志要亲自抓落实，明确责任要求和工作进度，强化部署推进。分管领导要全身心投入《纲要》落实工作，协调解决重大问题。坚持上下协同、条块结合，中央各部门和各单位要按照各自职能分工，完善配套政策，强化协同联动，加强督促指导，及时研究解决《纲要》实施中的共性问题和重难点问题。

三是把握关键环节，强化执行落实。《纲要》明确了教育强国建设的指导思想、目标任务和总体部署。要发挥好《纲要》的战略导向作用，实施三年行动计划，结合“十五五”教育发展规划编制工作，做好规划衔接落实，研究提出《纲要》分阶段实施的政策建议和可操作的举措方案，推动《纲要》重大工程、重点项目、重点工作落地。各地要紧密结合实际情况，制定好贯彻落实《纲要》的实施意见，研究出台切实可行、操作性强的细化举措、配套政策，明确各项任务实施主体和责任，科学制定任务书、时间表、优先序。加强分类指导，激发和保护基层首创精神，鼓励各地各校立足实际、积极探索、勇于创新，从关键环节入手，创造性落实《纲要》。及时总结推广相关部门及各地各校贯彻落实《纲要》的典型举措、有效经验和工作成效。健全长效工作机制，加强节点控制和里程碑考核，将《纲要》重点任务落实纳入督查督办、部省会商、信息报送等机制，充分利用大数据等现代信息技术，对《纲要》实施情况开展定期评估和跟踪监测，提升全面建设教育强国执行力、行动力。

四是广泛宣传动员，营造良好环境。教育关系千家万户，实施好《纲要》是全社会的共同责任。要加强宣传和舆论引导，充分发挥主流媒体作用，积极借助各类传播平台，组织开展多种形式的宣传活动，宣传解读《纲要》的指导思想、目标任务、重点亮点，宣传各地各校教育改革发展的新经验、新成果和涌现出的先进典型，宣传各地各部门学习贯彻全国教育大会精神和《纲要》的实际行动和进展成效，为《纲要》实施营造良好社会环境和舆论氛围。加强顶层设计和整体谋划，增强各项改革的系统性、整体性、协同性，健全学校家庭社会协同机制，广泛传播科学教育理念和正确家庭教育方法，推动学校、家庭、社会紧密合作、同向发力，动员全社会共同关心支持教育改革发展，形成建设教育强国的强大合力。

后　　记

近期，中共中央、国务院印发了《教育强国建设规划纲要（2024—2035年）》（以下简称《纲要》），明确了建设教育强国的目标任务和重大举措，这是新时代新征程指导推进教育强国建设的纲领性文件。为配合全社会学习、宣传和全面贯彻《纲要》，特编写《〈教育强国建设规划纲要（2024—2035年）〉学习辅导百问》，旨在对《纲要》的重大意义、主要思路和政策内容进行全面系统解读，帮助广大读者准确把握《纲要》的核心要义。

参加本书编写的有：怀进鹏、王光彦、朱小杰、张文斌、郭鹏、郑真江、俞伟跃、周大旺、孙海波、周为、秦昌威、李永智、杨银付、纪智、杨鸿、贾鹏、陈如平、李俊、王正科、巫志刚、孙东、卢波辉、李希欣、刘永福、陈文涛、柳朴方、郝杰、魏欢、刘洋、卢丽君、杨秋波、李强、姜朝晖、周文杰、张锦霖、朱红松、倪阳、孙金鑫、李栋、金紫薇等同志。此外，教育部机关司局和直属单位有关同志也参与本书编写，提出修改建议，并给予大力支持。

本书编写组

2025年1月